COR

ONA

SEXI

SMUS

DISCLAIMER

Alle Charaktere und Orte sind fiktiv. Jede Ähnlichkeit mit realen Personen (lebendig oder verstorben) wäre reiner Zufall. Die sexistischen Dialoge sind inspiriert von meinen irren Erlebnissen während der Minijobsuche auf einem bekannten Online-Kleinanzeigenportal zum Zeitpunkt des bisherigen Höhepunkts der Coronakrise.

AUTHENTIZITÄT

Um ein Zeichen zu setzen, orientieren sich Zeichensetzung, Satzbau, Grammatik und Rechtschreibung knalleng und unverschämt authentisch an den originalen Chatverläufen. Der rohe Inhalt diktiert die raue Form. Die formalen und sprachlichen Ausfallerscheinungen laufen im Stechschritt unverschämt *fvcking perfect* parallel zur fortschreitenden tabulosen Verderbtheit der Sitten.

Carina Steigleiter

CORONA SEXISMUS

Wie ich die fünf unfassbaren Phasen des bizarren

CORONA-SEXISMUS

überlebte

Bibliografische Information der Deutschen Nationalbibliothek: Die Deutsche Nationalbibliothek verzeichnet diese Publikation in der Deutschen Nationalbibliografie; detaillierte bibliografische Daten sind im Internet über http://dnb.dnb.de abrufbar.

1. Auflage

Copyright 2020 Carina Steigleiter

Alle Rechte vorbehalten.

1 Buchprofy-Buch

Herstellung und Verlag:

BoD – Books on Demand, Norderstedt

ISBN: 9783751985345

INHALTSÜBERSICHT

DIE 5 PHASEN DES
CORONA SEXISMUS

PHASE 1

DIE WISSENSCHAFT IST NACKT

DER KUSCHLER

DER DIREKTE

BARGELD LACHT

DER GELDAUTOMAT

DER INDIREKTE

WIEDER DER GELDAUTOMAT?

DER FUẞSPIELER

ENTSPANNT

GENAU SO EINE

DER NERD

EINS ZU EINS

EIN HORST

NOCH EIN HORST

DIE WIEDERVERWERTUNG

DER REICHE SKLAVE

CHARITÉ

DER SPAMFILTERUMGEHER

DER HUNDEMENSCH

SUGARDADDY

KÖRPERBEFREIUNG

WIEDER WAS NORMALES

JEGLICHES

SCHÖNER ABEND

DER CHARMANTE COACH

DIE GENERATIONENFRAGE

CURVY-MODEL

KEN SUCHT BARBIE

WIEDERVORLAGE: KEN IMMER NOCH OHNE BARBIE

DER VERSTÄNDNISVOLLE

PRIVATSACHE

SIEH AN

TREFFPUNKT

PROMOTION

GUTE GELEGENHEIT

RINSING, GANZ EINFACH

PHASE 3

DER GEWINNER

WORTSTARKER FLEXER

DER FLEXIBLE

PEDANTISCHER STELLUNGS-BLITZ-KRIEG

BARFUß

DER ÄNGSTLICHE GÄNGSTA

ALLES ROGER

SPITZENREITER

FERNSEHER

DU LÜMMEL

BONUS: DREIFACHE LUST

ZUGABE ZWEI: ZUGÄNGLICHKEIT

PHASE 4

TUGENDHAFT

DAS VORHABEN

BEHUTSAME BELEHRUNG

ANGEHALTEN

BEDAUERLICH

SONDERWUNSCHVORSTELLUNG

FAMILYGUY

LORD JAGUAR

LORD JAGUAR ZUM ZWOTEN

GUTMENSCH CHARLY

LAUCH VS. HUMMER

SENIORENHILFE

HÄRTER

DER SCHRIFTSTELLER

DER WELLNESSBEREICH

DER DOPPELTE DONALD

EINLEITUNG

DIE AUSGANGSLAGE

Coronakrise 2020. Ja, du hast es überlebt. Offenbar. Bis jetzt! Erinnerst du dich noch? Anfangs banale Beschwichtigungen und verbale Verharmlosungen der drohenden Katastrophe. Alles halb so schlimm. Uff. Glück gehabt.

Plötzlich Pandemie. Panik. Die 180-Grad-Kehrtwende in der Politik und in den Medien. Also doch! Wer hat es nicht geahnt?! Der Ernstfall. *No joke.* Krasser Lockdown. Keine Schule. Keine Uni. Keine Kneipen. Keine Partys. Keine Bars[1]. Keine Nebenjobs mehr. Nur noch Theater.

Die überraschend brutal heftigen Auswirkungen haben auch meine kleinen Nebentätigkeiten eiskalt gekillt. Kein kluger Professor konnte helfen. Meine Minijobs: ausgelöscht. Den erbarmungslosen Virentod gestorben.

Von einem Tag auf den anderen: Null Nachfrage nach

---

1 Besonders dramatisch: keine offiziell geöffneten Puffs, Pornokinos, Tabledanceschuppen, Swingerclubs & Darkroomdiscos.

Nachhilfe oder Hausaufgabenbetreuung. Dank der überforderten Lehrkräfte im Homeschooling und Dank Kurzarbeit oder Homeoffice der Mütter. Natürlich auch kein Babysitten mehr. Dank Ausgangs- und Kontaktbeschränkungen und spürbaren Einkommenseinbußen bei meinen beiden Stammkunden-Familien. Meine sensationell gut bezahlte Kellnerstelle in der Pizzeria? Verboten. Danke, Corona.

Also, was nun? Wie so viele andere: Umorientierung. Neustart. Der arbeitsuchenden Herde hinterher. Könnte im Homeoffice einfache Büroarbeiten erledigen, überforderte Eltern entlasten, indem ich online Nachhilfe und Prüfungsvorbereitung für Schüler anbiete. Würde für Ältere und Kranke einkaufen und mit deren Hunden regelmäßig Gassi gehen... Überall gibt es neue Chancen auf Bargeld. Schein. Bar. Und ich bin übelst überhoch motiviert, zu helfen und meinen kleinen Beitrag zur sozialen Krisenbewältigung zu leisten.

DIE SUCHANZEIGE

Meine Pre-Corona-Nebenjobs hatte ich, im damals noch virenunverseuchten Berlin, online gefunden. Per Kleinanzeige. Also schnell wieder ein Stellengesuch aufgeben:

„Studentin (18) sucht dringend coronasicheren Nebenjob/Minijob wie etwa Einkaufs- oder Haushaltshilfe, Bürokraft im Homeoffice, Online-Nachhilfe für Schüler in den Fächern Mathematik, Naturwissenschaften, Englisch und Französisch: alle Klassenstufen bis zum Abi.

In dieser besonderen Zeit biete ich Ihnen, zeitlich flexibel vor- oder nachmittags, meine engagierte Mithilfe. Innerhalb Berlins bin ich mit dem Fahrrad mobil.

Bitte schreiben Sie genau, um welche konkrete Stelle und Aufgabe es geht. Freue mich über nette und ernstgemeinte Angebote. Dankeschön! [zu Beginn, noch ganz euphorisch, mit meinem echten Vor- und Nachnamen unterzeichnet, später nur noch mit] *Carina".* Aus Gründen.

Alle Anzeigen habe ich ohne Foto veröffentlicht. Weil ich weder auf Datingsuche, noch den kleinen täglichen Egoboost aus bin. Diesen Kick brauche ich nicht.

DIE ERWARTUNG

Im Idealfall eine Antwort im Stil von:

„Hallo und guten Tag, wir sind eine dreiköpfige Familie und suchen für unsere 140qm-Wohnung in Dahlem eine Haushaltshilfe, die regelmäßig, ein- oder zweimal pro Woche, die anfallende Reinigung vornehmen

würde (Staubsaugen, putzen), dazu eventuell Wäsche waschen und Fenster putzen.

Sollte unser Angebot für Sie interessant sein, würden wir uns freuen, wenn Sie sich telefonisch oder per Mail melden und wir uns über die Details wie Vorstellungstermin, Honorar (natürlich mit Vertrag und offiziell angemeldet über die Minijobzentrale), Arbeitszeiten etc. persönlich unterhalten können. Freundliche Grüße Petra und Peter Schneider, Tel: 01782..."

DIE REALITÄT

Halt! Stopp! Wach werden! Ein surrealer Wunschtraum. In grauen Vorzeiten wäre diese Musterantwort möglicherweise in meinem Postfach gelandet. Jetzt habe ich von der Sorte genau null komma null erhalten. Nothing, nada, cero, niente!

Vielmehr sahen die nachrichtlichen Meisterwerke genau so aus, wie im bizarren Hauptteil abgedruckt. Nur Minuten, nachdem meine Anzeige im Corona-Stellungskrieg online war, verstopfte ein ganzer Stoßtrupp animalischer Liebeskrieger mit seinen unmoralischen Ergüssen trivialen Erotikspams mein allstündlich jungfräulich-frisch regeneriertes Postfach.

Selbst meine flehentlich nachträglich hinzugefügten

ausdrücklichen Hinweise, bitte, bitte, bitte nur seriöse Anfragen zu senden und direkt das konkrete Jobangebot zu benennen, wurden geschickt ignoriert.

Regelrecht geschockt von der unfassbaren Resonanz auf meine vermeintlich harmlose und scheinbar unverfängliche erste Annonce, musste ich diese schon nach einer Stunde vorzeitig aus dem Netz nehmen, um nicht in perversen, lüsternen Mails zu ertrinken. Der erste Tag war also ein unglaublicher viraler Fehlstart und eine knallharte Bruchlandung, mitten hinein in die verstörende *reality show* Deutschland 2020.

DER VERSUCHSAUFBAU

Genauso traurig verlief jedoch auch der zweite Tag. Und der dritte ebenfalls. Mit ermüdender Vorhersehbarkeit. Immer ähnliche Ergebnisse. Immer die gleiche bittere Medizin. Für mich. Doch die Krankheit, habe nicht ich – eher ein Haufen geschleckter Typen. Ich wollte indes nicht erst am siebten Tage relaxed ruhen. Also variierte ich den Text hier und da ein wenig, schaltete mein Jobgesuch mal morgens um acht oder zehn, mal mittags um zwölf, mal nachmittags um vierzehn oder fünfzehn, mal abends um achtzehn oder zwanzig Uhr. Dass die Nachtstunden ab zweiundzwanzig Uhr keine

Besserung bringen würden, konnte ich mir eigentlich selbst schwarz-weiß ausmalen. Nichtsdestotrotziger war in meiner anschwellenden *misery* auch das einen treu-doof-naiven Versuch wert.

DAS ERGEBNIS

Richtige Ratlosigkeit. Depressionsgefahr. Safe. Dann ein Ein-Fall. Wie der Berliner Mauer. Wieder. Aus der Not. Aus dem Nichts. Vor dem finanziellen Nirvana stehend. Never mind.

Während des gesamten, $€x Wochen umfassenden *Testzeitraums*, in dem meine Anzeige täglich jeweils nur ein bis drei Stunden freigeschaltet war, erhielt ich jedes ~~fvcking~~ Mal, zig, ach nein, hunderte dieser elenden Nachrichten. Zu 99% Männerzuschriften. Dreiste Egoisten, Schurken und Ganoven, leere Versprechungen, schlechte Verlierer. Hingerotzte Nachrichten. Gerade mal zwei oder drei, nicht auf den ersten einäugigen Blick, oder im Chatverlauf sich sofort als unseriös entpuppende, auf Sexuelles abzielende Angebote wurden mir unterbreitet. Doch diese zwei, drei begaben sich aus anderen Gründen in die Savanne. Who knows, ob nicht auch hinter diesen Zuschriften besonders gut getarnte Guerilla-Sexfallen lauerten?! Eines war absolut sicher. Hier würde ich nicht einen passenden legalen Job finden[2]. Also kann ich, at least und at last, meine untugendhaften Rhetorik-Erlebnisse mit der umtriebigbrunftigen Freiwild-Jagdmeute reingewissig zu Papier bringen.

CORONA SEXISMUS. Das sind verkommene heimliche Perversionen. Bereitgestellt zur allgemeinen Aufschrei-Aufklärung, Belustigung, Erbauung, Erheiterung, Erhellung, Hysterie, Nicht-Nachahmung, Verstörung, Verwunderung, selbstgefälligen Zornigkeit, ...

Es ist ein Wunder, unter Druck dieser geballten verbalen Sexualpower von gefühlt 100 hoch 100 Hengsten nicht paranoia-geplagt, verfolgungswahngeschädigt jeden himmlisch unbeleckten, kükenartigen Restglauben an das keusche Gute im anscheinend so hormon- und virenmutiert gesteuerten Verführer-Mann zu verlieren.

Noch ist nicht der Zeitpunkt gekommen, permanent äußerlichen und innerlichen Firewall-Maskenschutz zur Abwehr der heimtückischen sexistischen Bedrohung hoch- und höherzufahren. Zumindest für mich.

---

2   Einen Nebenjob habe ich bis heute nicht gefunden. Weder einen seriösen, noch einen unseriösen.

DAS *CORONA SEXISMUS* BUCH

Ein Best-of. Alle und alles zu veröffentlichen, würde jeden *vernünftigen* Rahmen sprengen.

Baron-von-Münchhausen-like triumphiere icke nun. Ziehe mich ganz lässig am eigenen, vier-wochen-friseur-überfälligen Schopf, mit am Ansatz herausgewachsenen Strähnchen, aus dem Sumpf meiner individuellen Corona-COVID-19-Crisis. Cool Cat Carina checkt Cash-Chancen. Crisp! Hallelujah! Und geht das ungewisse Wagnis des Schriftstellertums ein. Ja, die Autorenschaft. Das letzte große Abenteuer der ~~abgewichsten~~ Menschheit persönlich erleben. Schnell die paar Zeilen auf den Bildschirm ballern: Meine bescheuerte Geschichte des Vermasselns und persönlichen Scheiterns könnte so finally doch noch zur Erfolgsstory werden.

Ciao, Corona! Call me Baroness Carina.

In den folgenden [eckigen Klammern] stümpere ich lapidar meine *unausgesprochenen* ärgerlichen, arroganten, naiven, genervten, unlustig-zynischen Gedanken zwischen einzelne Punkte der User-Nachrichten. Enjoy the experience!

PHASE 1
Meine Reaktion: *ablehnend.*

DIE WISSENSCHAFT IST NACKT

Thorsten, 08:15: Hallo, hab grad Deine Anzeige gelesen. Es ist vielleicht nicht ganz genau Dein Anliegen? Aber ich suche sehr dringend interessante und normale Frauen für ein seriöses Fotoshouting [sic!] zum Thema „Corona-Lockdown und Körperlichkeit". [Und das während der Kontaktsperre?!] Es ist für mich leider nicht so leicht, gut geeignete Models zu finden. [Warum? Es gibt doch genug *normale* Frauen, oder?!] Deshalb versuche ich es hier und bei Dir. Selbstverständlich wird das ganze bezahlt - bis zu 200 Euro. Ich suche unbedingt verschiedene Körpertypen, also nicht nur perfekte Body bitte. Melde dich gern, wenn du Interesse hast!
Viele Grüße, Thorsten

Carina, 08:22: Sorry, kann mir darunter nix vorstellen. Das ist mir zu intellektuell.

Thorsten, 08:23: Also willst du nicht?

Thorsten, 08:23: ? Kann es dir ja erklären.

Carina, 08:24: Okay, dann erklär´s mir bitte.

Thorsten, 08:28: Ich bin ein 38 jähriger Wissenschaftler [tja, was für einer?] und Fotograf. Es geht mir um ein sozialkritisches Fotoshooting [soso]. Ich möchte die Zwänge und die gesellschaftlich-sozialen Konventionen [blabla] aufdecken, die sich in weiblichen Körperbildern [also: Nackte!] manifestieren. Des weiteren soll die Auswirkung der jetzigen Corona-Isolation im Bild sichtbar werden. Darum mache ich Fotos in Kleidung, Unterwäsche und Akt. [Der Wissenschaftler in Unterwäsche?!] Die Fotos werden nicht veröffentlicht. [Also nur für einsame Abende die Hasen schießen?] Sie [ich?!] dienen mir zur Übung, da ich in zwei Jahren ein umfangreiches Fotoprojekt zu diesem Themenkreis starten möchte. [Der Lockdown dauert hoffentlich keine zwei Jahre.] Alles ist absolut höchst-seriös [natürlich!] und es gibt sogar einen richtigen Vertrag. Ich suche überall und verschiedenste Frauen [ich bin nicht wählerisch], das heißt, einen Modelkörper musst du nicht haben. [Findest du keine hübschen?!] Es geht mir vor allem darum, jede Frau in ihrer Schönheit zu bestärken. [Das wollen wir wohl so hören.] Das Shooting dauert 2 Stunden.

Carina, 08:33: Sorry, das klingt mir alles zu konstruiert.

Hättest du einfach nur Nacktfotos gewollt, hätte ich vielleicht „Ja" gesagt. [*Nein!* Bullshit. Natürlich nicht.] Aber so: Ist mir zu viel Theorie drumherum für Nudes.

Thorsten, 08:33: Nicht interessiert?

Carina, 08:35: Nicht mehr.

DER KUSCHLER

Gero, 08:21: Hoffe, bist hier schon fündig geworden? Falls nicht, habe ich einen sehr hoch bezahlten Job für dich. Bei Interesse meld dich bei mir und wir bereden alle Details. Freu mich auf deine Mail. Beste Grüße

Carina, 08:26: Welchen konkreten Job bietest du an?

Gero, 08:28: Schön das du dich so schnell meldest. wir beide treffen uns. Wenn wir uns sympathisch sind, gehen wir zu mir und haben eine gute Zeit miteinander. Anregende gespräche kuscheln küssen gegenseitige massage usw. je nachdem was cool für dich ist und wie viel du verdienen möchtest.

[Das klingt ja mal nach einem richtig guten Job. Nur leider werde ich darauf nicht weiter eingehen.]

DER DIREKTE

Dirk, 08:23: Auch anderes, wenn die Kröten stimmen?

Carina, 08:27: Welchen konkreten Job hast du für mich?

Dirk, 08:27: Intimes

Carina, 08:29: Nein, Danke. [Kleine Carina, nicht so vorschnell abschießen. Höre es dir doch wenigstens mal an!]

Dirk, 08:30: Hunni?

Carina, 08:32: Welchen Teil von „Nein, Danke." verstehst du nicht? [Direkte Frage. Direkte Antwort. Das *Danke* war wahrscheinlich noch zu viel für Dirk.]

BARGELD LACHT

Marco, 08:22: Hallo. Ich biete Ihnen einen Gelegenheits Job 150 Euro pro Einsatz und leichten Tätigkeiten. Bei Interesse freue ich mich über eine Antwort.

Carina, 08:26: Welchen konkreten Job hast du für mich?

Marco, 08:28: Hallo 150 Euro für ein s.x date für eine stunde mit mir. [Muss ich die €150 bezahlen?!] Auch regelmäßig möglich. Über einen Antwort und einem Bild von dir würde ich mich sehr freuen. Es ist ein etwas ungewöhnliches Angebot aber vielleicht hast du Interesse?

Marco, 08:35: Nicht das richtige? [Eine der vielen, vielen Mails, auf die ich leider – aus so vielen Gründen (ist die deutsche Sprache denn wirklich so schwer?) keine passende Antwort hatte.]

DER GELDAUTOMAT

Barnabas, 08:25: 500-1200 euro cash

Carina, 08:30: Für was?

Barnabas, 08:31: 3-4 stunden zeit, treffen + fun oder nette bilder bzw video machen bis 1500 machbar, interesse?

Barnabas, 08:36: 1800 [Keine Anrede, kein Gruß, nur mit money wedeln, wenn es denn wenigstens *real* wäre. Immerhin geht innerhalb von 5 Minuten, ohne Antwort von mir, sein Angebot um weitere €300 hoch. Seine Masche scheint wohl bei manchen zu funktionieren, sonst würde Barnabas es wohl nicht auch bei mir probieren? Oder macht es die Masse seiner Anfragen? Wenn er 10.000 Mails raushaut, und eine von 100 „Ja" sagt, hat er alle Hände voll zu tun. Am Ende hat er möglicherweise sogar Glück, und er kann den Preis noch drücken, oder ein Opfer sendet ihm im Voraus die gewünschten sehr privaten Bilder kostenlos?]

DER INDIREKTE

Kevin, 08:27: Hallöchen ?? [Warum liegt hier Stroh? Fängt gut an.]

Carina, 08:29: Hi

Kevin, 08:29: Hey wie geht's ?

Carina, 08:36: Hab keine Lust auf Smalltalk. Hast du ein konkretes Angebot?

Kevin, 08:37: Schick erstma zwei drei schicke Bilder, dann zahle ich ??

Carina, 08:40: Vergiss es! [Seit wann ist der Stellenteil der Online-Kleinanzeigen eine Chatplattform oder Dating-/Flirtseite? Deshalb habe ich bei diesem Kandidaten hier schon keine Hemmungen mehr, ihn so knapp und zeitsparend es eben geht abzuservieren [nur kalte Ignoranz wäre billiger].
Meine Hemmschwelle, mich auf das verbal gebotene Niveau herabzulassen, sinkt minütlich.]

WIEDER DER GELDAUTOMAT?

[Identischer Nutzername wie um 08:25. Diesmal mit mehr tröstlich schmerzstillender Empathie fürs Ambiente und aus den Niederlanden. Doch auch so wird er bei mir nie da landen, wo er hin will.

Barnabas, 09:00: Hallo, suchst Du einen gut bezahlten Nebenjob, dann melde Dich doch mal bei mir. Interesse?

Carina, 09:02: Welchen konkreten Job hast du für mich?

Barnabas, 09:04: Prima, also, ich suche eine Begleitung gegen gute Bezahlung.

Carina, 09:08: Wohin begleiten?

Barnabas, 09:11: Also, wir gehen gemeinsam essen, chillen, Film schauen, etwas trinken, zu mir und vielleicht nehme ich Dich mit auf Geschäftsreise. Natürlich sehr gut bezahlt.

Carina, 09:12: Das geht doch gerade alles nicht [wegen der Coronabeschränkungen].

Barnabas, 09:12: Bei mir. Kochen, DVD, etwas trinken.

Barnabas, 09:14: Bis 2000 Euro im Monat.

Carina, 09:14: €2.000 nur für Kochen, DVD, [etwa kein PayTV, Netflix und Amazon Prime] etwas trinken?!

Barnabas, 09:18: Bei Sympathie auch mehr gern.

Barnabas, 09:19: Gut bezahlt.

Carina, 09:24: Sorry, ich weiß nicht. [Die Antwort ist eh *Nein*, mal sehen, ob und wie er weiter argumentieren wird.]

Barnabas, 09:24: Lass es uns probieren. Muss keiner erfahren.

Carina, 09:28: Habe einen Freund. [*Der* Ausrede-Klassiker.]

Barnabas, 09:28: Wird er nicht erfahren. Bist meine Assistentin.

Carina, 09:30: Ich kann schlecht lügen. [grrr]

Barnabas, 09:31: Lernst Du. Brsuchst [coole Mischung aus brauchst und suchst] Du Dukaten?

Carina, 09:32: Ja, aber dann habe ich ein schlechtes Gewissen.

Barnabas, 09:33: Musst Du entscheiden

Barnabas: 09:34: +316182…

Carina, 09:36: Deine Telefonnummer geht nicht. [Habe nicht getestet. Wollte nur sehen, wie er die ausländische Vorwahl erklärt.]

Barnabas, 09:44: WhatsApp: +316182…

Ist eine Nr. aus den Niederlanden, weil ich bin da viel beruflich. [Einem (Wahl-)Niederländer sei der umgangssprachliche Gebrauch des *Weil*-Nebensatzes absolut gestattet.]

DER FUßSPIELER

Li Ngam, 09:16: Hallo schon mal überlegt mit ihren Füßen Geld zu verdienen mit live Videos von ihren Füßen sollten sie in Frage kommen zahle ich pro Video 15-45 € Einfach mal melden Mfg [Kein Punkt. Kein Komma. Kein Kommentar.]

ENTSPANNT

Max Mustermann, 20:14: Hallo, habe einen Vorschlag für eine kleine Nebentätigkeit mit viel Honorar… ist aber nur was für relativ offene Menschen?! Lg

Carina, 20:19: Hallo, und was wäre das? [Ja, was könnte das wohl sein? Überrasch´ mich! Please!]

Max Mustermann, 20:20: bist du entspannt und locker?

Carina, 20:21: kommt darauf an, um was es hier geht?

Max Mustermann, 20:22: Wir könnten uns unverbindlich treffen und sehen.

Max Mustermann, 20:23: Was essen oder trinken gehen?

Max Mustermann, 20:24: Inder [sic!] Zeit nach Corona.

Max Mustermann, 20:26: Wenn Sympathie und Lust da ist?! :)

Carina, 20:29: Nee, sorry, dafür bin ich nicht zu haben.

Max Mustermann, 20:30: Ja das Honorar wäre natürlich in deinem Ermessen gewesen aber Danke und Schade!

Max Mustermann, 20:30: Nimm es mir bitte nicht übel ich hätte mich geärgert wenn ich nicht gefragt hätte.

Max Mustermann, 20:38: es ist grad eine sehr schwere Zeit... bleib gesund und alles Gute!

Carina, 20:39: Danke, ebenfalls!

GENAU SO EINE

Stahlmann, 09:07: Hej. Komme aus Friedrichshain. Suche genau so eine Frau, die bei mir putzt. [Genau so eine?!]

Carina, 09:08: Ok, wo genau, wieviel Quadratmeter und für wieviel Euro? [Hier ist ja wohl schon klar, worauf der hinaus will, oder? Deshalb zum Schein mal drauf eingehen.]

Stahlmann: 09:10: P-Strasse 2 in Friedrichshain. 15,- und falls du mir sympatisch bist. 20,-[Befriedigend bemerkenswert: der erste, der ganz direkt ohne sinnlose Fristen, Ausflüchte und Umschweife seine (echte?) Adresse nennt.]

Carina, 09:11: Wie alt bist du? [Warum habe ich das nur gefragt, frage ich mich jetzt.]

Stahlmann, 09:11: 40 und du?

Stahlmann, 09:12: Magst du mir deine Nummer geben?

Carina, 09:14: Was arbeitest du? [Ah, soziologischen Background abtasten. Da wusste ich noch nix von meinem künftigen *CORONA SEXISMUS*-Bestseller]

Stahlmann, 09:16: Bin Junior Key Account&Campaign Manager. Du?

Stahlmann, 09:17: Das ist im Online Marketing.

Stahlmann, 09:24: Könntest du auch etwas anderes außer bei mir putzen? [Jetzt kommen wir der Sache so langsam näher! Da wird Lunte gerochen.]

Carina, 09:28: was den [den = denn; habe mich an das Kleinanzeigensprachniveau angepasst, um nicht schlauer als er zu erscheinen ;)]

Stahlmann, 09:29: Wellness für den Rücken vielleicht?

[Immerhin fängt er harmlos mit *Rücken* an, anstatt direkt die Katze aus dem Sack zu lassen. Oder ist er Rückenträger.]

Stahlmann, 09:30: Über WhatsApp wäre es einfacher zu schreiben

Carina, 09:33: Nur Rücken?

Stahlmann, 09:33: Vielleicht auch mehr, wenn du magst?

Carina, 09:34: Kann nicht besonders gut massieren…

Stahlmann, 09:34: Sanft streicheln geht doch auch

Stahlmann, 09:37: Gelesen?

Stahlmann, 09:39: ?

Stahlmann, 09:44: Noch da?

Carina, 10:00: Neyn [Diese *Noch-da*-Fragerei werde ich nie verstehen.]

DER NERD

Belfort, 09:17: Hallo Carina, würdest du im Haushalt helfen wollen? Grüße

Carina, 09:18: Hallo, ja das würde ich machen.

Belfort, 09:24: Wieviel Erfahrung hast du denn in den Bereichen?

Carina, 09:28: Keine Sorge. Habe Erfahrung durch mein Elternhaus und aufgrund meiner eigenen Wohnung.

Belfort, 09:30: sehr schön, wieviel nimmst du dafür?

Carina, 09:44: Wie viel bietest du an? Wie oft pro Woche? Und wieviele Stunden? Wie viele qm?

Belfort, 09:45: kömmt darauf wie oft du auch kannst. es sind 125qm und 2x po Woche für so 3-4h?

Carina, 09:48: Ja, ist in Ordnung. [Bis hierhin soweit noch eine halbwegs runde Sache. Immer rein in die gute Stube!]

Belfort, 09:51: 1x die Woche dann auch Sauna-/ Wellnessbereich mitzumachen und Terrasse, sonst ganz normale Wohnung

Carina, 09:54: Mitzumachen? Sauber machen - meinst du?

Belfort, 09:55: Jupp! Natürlich

Belfort, 09:57: Benutzt hat es die frühere Haushaltshilfe heimlich...

Carina, 09:58: Hahaha, was meinst du?

Belfort, 09:59: Oke, naja, kam mal eher. Und daheim lag sie masturbierend im Whirlpool...

Carina, 10:01: Oke [anstelle von „ok" oder „okay" wird hier gerne „oke" oder „okey" geschrieben. Wieder was zum Einbauen in meinen erweiterten Sprachschatz.]

Belfort, 10:03: Wenn vorher fragen, kein Poblem [sic!] aber so nicht so gut gewesen [Hahaha! Welcher Mann will so eine verstörende Überraschung erleben und mitansehen?! Oder eher ansehen und mit-erleben?!]

Carina, 10:04: Keine Sorge.

Carina, 10:04: Bin eh kein Fan von Whirlpool und Sauna.

Belfort, 10:04: normalerweise lieben es alle heiss und feucht?!

Belfort, 10:07: sorry blöder spruch

Carina, 10:08: Passt aber ja! ;)

Belfort, 10:09: Bin die Ausnahme und mag keine Sauna! Meine Ex wollte die aber unbedingt. Ich war aber nie in ihr [lol]

Carina, 10:09: Haha, kein Problem, alles gut.

Belfort, 10:09: nach der Arbeitszeit ins Becken warum nicht. Ist mir egal

Carina, 10:10: Was meinst du?

Carina, 10:16: Wie viel zahlst du pro Stunde?

Belfort, 10:16: wie viel möchtest du

Carina, 10:16: Wie viel bietest du an?

Belfort, 10:17: was haben die anderen gezahlt?

Belfort, 10:17: Könnte 14€ anbieten und Bonus

Carina, 10:20: Ja, ist in Ordnung.

Carina, 10:20: Was für ein Bonus?

Carina, 10:21: Andere schlagen mir ständig komische Angebote vor. [Das ist seine Chance, sich zutraulich zu offenbaren oder die Kurve zu kriegen.]

Belfort, 10:21: komische angebote?

Carina, 10:22: Ja

Belfort, 10:22: du meinst s e x

Carina, 10:23: Japp

Belfort, 10:25: Würde nie etwas machen wollen, weil ich eher Nerd bin... und leider oft ausgenutzt werde. klingt kompliziert... da müsstest du mich schon verführen und nicht ich dich

Carina, 10:26: Was meinst du?

Belfort, 10:28: suche eigentlich kein sex weil ich zu schüchtern bin und wenig erfahrung hab... und du willst ja auch, nicht?

Belfort, 10:29: also passt es oder?

Carina, 10:30: Nein !!!

Carina, 10:30: Du sagtest, du suchst nur eine neue Reinigungskraft.

Belfort, 10:30: du willst sex?

Carina: 10:31: Willst du mich jetzt veräppeln?

Belfort, 10:31: nein les noch mal das davor richtig!

Carina, 10:32: Was?

Belfort, 10:34: Würde nie etwas machen wollen, weil ich eher Nerd bin... und leider oft von Frauen ausgenutzt werde die mir Gefühle vorspielen um Vorteile zu haben von mir

Belfort, 10:36: du verunsicherst mich grad ein bisschen [der war gut]

Carina, 10:36: Bitte, ich suche was anständiges.

Carina, 10:36: Keinen Sex oder sonstiges.

Belfort, 10:37: ja ich auch

Belfort, 10:38: du bist anständig und ich auch!!

Carina, 10:40: Hoffe ich mal!

Belfort, 10:44: habe viel angst vor jungen frauen weil ich nicht so erfahren bin. Deshalb lasse ich dich in ruhe!! Ich habe immer angst, verführt zu werden und dass die frauen dann mein kies wollen [hahaha]

Carina, 10:48: Bitte, ich weiß nicht, wovon du redest.

Carina, 10:49: Ich würde nur meine Arbeit machen und danach direkt wieder gehen.

Carina, 10:49: Mehr will ich ehrlich nicht!

Belfort, 10:50: ja du bist nicht so! du scheinst lieb und ehrlich zu sein! danke

Carina, 10:55: Danke

Carina, 10:56: Lass uns zurück zum Thema und über die Arbeit reden. Falls das ernst gemeint ist?!

Belfort, 11:00: ja. hast du Nr? dann melde mich, muss mal etwas schlafen und bin schon ganz verwirrt grad, hab ganze Nacht nicht geschlafen.

Carina, 11:02: Oke, gute Nacht wünsche ich dir

Belfort, 11:03: Danke ich dir auch gute nackt [das kleine Stilmittel werde ich ab sofort bei jeder passenden Gelegenheit für meine Zwecke übernehmen]

Carina, 11:04: Was?!

Belfort, 11:07: *Nacht!

Belfort, 11:07: war vertippt sorry [Danach hat sich der ängstliche Belfort leider/zum Glück nicht mehr getraut.]

EINS ZU EINS

Fadil, 19:08: Was is mit video chat 1zu1 gut bezahlt

Carina, 19:40: nein

Fadil, 19:44: Okay

Fadil, 19:59: Vielleicht überlegst dir es noch mal ????

Fadil, 20:20: Vielleicht überlegst du es dir ja noch mal?

Fadil, 20:33: nein? [yes]

EIN HORST

Horst, 22:01: Hi Carina, hast du Lust auf Fotos von dir mailen? Wenn nicht sorry!

Carina, 22:30: Wie viel würdest du dafür zahlen? [Mal sehen, was für ein abzuweisendes, gutes Angebot ich erhalte, er weiß ja nur, dass ich eine junge Studentin bin und mehr nicht.]

Horst, 22:33: Kommt darauf an, was von dir zu sehen ist.

Horst, 22:34: Wie siehst du denn aus?

Horst, 22:34: hast du schöne Rundungen?

Horst, 22:35: 20 euro für 5 Bilder wo du ganz mit allem drauf zu sehen bist. Nackt.

Carina, 23:00: nein

Horst, 23:02: mehr? 30 euro für 3??

Carina, 23:10: nein. Kein Interesse.

Horst, 23:11: ok schade. Danke

NOCH EIN HORST

Josua, 10:22: Hallo, hast du vielleicht auch Lust auf etwas anderes im privaten Bereich? viele grüsse Josua :)

Carina, 10:24: Ähm, inwiefern?

Josua, 10:25: Sorry war nur so ne Idee ;)

Josua, 10:27: hätte Lust auf Fotos gehabt

Josua, 10:29: also ganz normale nicht schlimmes ;)

Carina, 10:33: Aha

Josua, 10:36: Hast du vielleicht was wo deine Figur zu sehn ist? von Vorn und seitlich Hintern [sic!] Danke – natürlich angezogen

Carina, 10:36: Nein. Sag mal, meinst du ernsthaft, ich verschicke mal eben so Bilder von mir? Damit du dir dabei an deinen kleinen Kopf greifen kannst? Da bist bei mir an der falschen Adresse!

Josua, 10:40: Oke war Nur eine Frage und Hätte Ja sein können ?? Sehe das Eher Locker. Dann Alles Gute! [Ein paar Anfangsbuchstaben zuviel waren schon erigiert.]

DIE WIEDERVERWERTUNG

Degenhart, 09:24: Hey :-) Hast du zufällig noch alte abgewetzte oder kaputte Damenschuhe wie Ballerina, Snickers [sic!], Vans, Converse oder dünne Leinen/Baumwoll-Sommerschuhe die eigentlich schon in den Müll gehören? Die Schuhgröße ist mir egal Hauptsache die sehen echt übel ranzig schlimm aus. Da die meisten die einfach so weg schmeißen habe ich einen workshop aufgemacht wo wir die Schuhe weiter verarbeiten zu neuen Sachen aus den Materialien wegen Umweltfreundlichkeit. Deshalb frage ich einfach mal möglicher weise ist ja was dabei. Ich zahle immer unterschiedlich angefangen von 5 Euro bis 40 Euro pro paar. Ich würde mich über eine Menge Schuhe freuen. Ich kann direkt überweisen den Versand zahle ich natürlich auch dabei. Liebe Grüße
[Na sowat, wat gibbet nich allet?! Ein gestiefelter Kater. Wird da sein Degen hart?]

DER REICHE SKLAVE

Bourne, 09:28: Hallo, Ich bin Ben 22 Jahre alt. Ich suche eine Frau der ich die Schuhe sauber machen darf! [Melde dich oben beim Degenhart.] Und dafür würdest du viel Geld kriegen. Ich bin Selbstständig und daher ist para überhaupt kein Problem ich würde zwischen 300 und 500€ geben falls du Interesse hast würde ich mich über eine Nachricht von dir freuen
[Ein Selbstständiger, der keine Probleme hat – nur leider ohne Punkt und Komma, Punkt]

CHARITÉ

Umweltschützer, 09:09: Guten Tag, suche noch eine Haushalthilfe für meine Junggesellenwohnung (ca. 110m²)

Carina, 09:11: Guten Tag, das ist eine große Single-Wohnung?! Wo genau ist das und was wäre zu erledigen?

Umweltschützer, 09:13: Nähe Charité

Umweltschützer, 09:16: Diskretion ist mir wichtig!

Umweltschützer, 09:16: Bietest du noch mehr Service an? ;-))

Carina, 09:30: Was für einen Service? Zeig mir lieber erst mal ein Bild von dir?!

Umweltschützer, 09:38: Ah, war grad unter der Dusche. Hab da leider kein Bild gemacht, hast was Tolles Großes verpasst. ;-)

Umweltschützer, 09:39: ?? [Verlieren denn jetzt sogar die Diskreteren online alle Hemmungen? Früher, damals, vor Corona, habe ich innerhalb von 24 Stunden mindestens ein seriöses Angebot auf meine jeweilige Suche (Nachhilfe erteilen, Gassi gehen, Einkaufs- und Haushaltshilfe) erhalten – mittlerweile hat COVID-19 scheinbar auch die Genkombinationen von den bislang noch zurückhaltenden Zeitgenossen so umgeschaltet und die beiden Bälle derart neu verdrahtet, dass scheinbar auch der letzte männliche Kleinanzeigennutzer unabhängig von Tages- und Nachtzeit zu einem preisgekrönten Zuchtbullen und/oder bizarren Freak mutiert, sobald sein Pimmel-Code *weiblich* von den Rezeptoren erfasst und den Ständer-Trigger auslöst.]

DER SPAMFILTERUMGEHER

FluppGummi, 09:30: hallo, ich möchte k,ö,r.p,e,r l.e,.c,.k,.e.,n und sie b.,l.,a,.s.,e.,n für 100 e,u,r.o jedesmal sofort barzahlung danke

[Na,nu d.a b1n i.ch e,.ch.t spr,ach.los]

DAS SPRACHGENIE

A.H., 09:33: Show me all

Carina, 09:36: Watt für ne Show?

A.H., 09:36: Your Body

Carina, 09:37: Bitte auf deutsch. [Spielchen spielen kann ich auch.]

A.H., 09:38: Dein ganzen Körper

Carina, 09:45: Nope!

A.H., 09:59: ??

DER HAUSMANN

Esra, 10:01: hallo, bist du denn noch auf der suche?

Carina, 10:07: ? [Würde ich sonst noch inserieren? Schreib doch direkt, was du willst. Und warum sollte ich auf so etwas überhaupt antworten oder viel schreiben? Ein Fragezeichen reicht völlig für dich! Die Kerle reagieren ja eh auf alles.]

Esra, 10:07: hast du auch ein foto von dir

Carina, 10:10: Zeig dich! [Den Spieß mal umgedreht. Bin kein räudiges Freiwild.]

Esra, 10:08: was brauchst du denn an geld [Kein Foto]

Carina, 10:10: Alles [Wer nicht?!]

Esra, 10:11: hehe ich könnte dir erst mal 100 euro anbieten

Carina, 10:12: für was?

Esra, 10:12: bisschen was im haushalt

Carina, 10:14: Kein Sex!

Esra, 10:16: ok [Haushalt. Das neue Synonym für Sex?!]

DER HÄNGENGEBLIEBENE

Fred Ickler, 10:07: Was suchst du genau für nen Nebenverdienst?

Carina, 10:08: Welchen konkreten Job hast du für mich? [Dass einfach niemand meine wohlformulierte und gut durchdachte Anzeige zu lesen scheint, und lieber direkt, mehr oder weniger dumme Fragen, mehr oder weniger sprachkundig stellt und unmittelbar auf Senden klickt. Als gäb's dafür ne Belohnung. Oke ;) die Dopaminausschüttung wird ja auch dadurch perfekt angeregt: reagiert die Studentin? Ist das Weibchen willig? Bekomme ich verbal was auf's Maul oder darf ich mit dem ekligen Liebesgespräch ungestraft anfangen oder weitermachen? Der Hauptgewinn scheint zu sein, wenn das Weibchen vermeintlich nichtsahnend mitspielt, oder eventuell sogar notgeil lüstern zu sein scheint und weiter einheizt ;) dazu siehe weiter unten in den höheren fortgeschrittenen Phasen.]

Fred Ickler, 10:09: für was kann man dich begeistern?

Carina, 10:10: Welchen konkreten Job hast du für mich? [zum zweiten Mal]

Fred Ickler, 10:12: wie alt bist du? [spätestens hier, ohne konkretes Angebot hätte ich abbrechen sollen]

Carina, 10:13: 18

Fred Ickler, 10:16: machst du treffen?

Fred Ickler, 10:16: machst du treffen?

Fred Ickler, 10:17: machst du treffen? [ADS? Eine Minute ohne Antwort; da können im männlich-strukturierten Belohnungszentrum schon mal unangenehme nervöse Entzugserscheinungen auftreten.]

Fred Ickler, 10:17: ;) [was gibt´s da zu grinsen?!]

Fred Ickler, 10:18: machst du treffen? [Wer so oft fragt, bekommt garantiert ein *Jawoll!*]

Fred Ickler, 10:19: ? machst du ? [Wie der im real life gesprächstechnisch wohl so drauf ist? Sein gerader Schreibverkehr treibt mich afk]

ESCORTSERVICE

Gomora, 10:24: Hallo und entschuldige bitte mein sehr direktes Vorgehen, lieber offen und ehrlich, als hier um den heißen Brei herum zu reden und damit Du auch ganz genau weist [!] was ich will ?

Hättest Du Lust auf einen privateren, diskreteren und

natürlich top bezahltem Job? Ich bin suche für mich privat eine scharfe, lockere und sehr offene Begleitung / Gesellschafterin zu Terminen (wenn sie dann bald wieder anstehen) und auch, je nach dem, was Du Dir zutraust, privatere Aufgaben. Damit meine ich jetzt nicht gleich nur das eine, es soll ja auch anderes geben, was man im privatem Bereich zusammen gegenseitig anstellen kann... [Was das wohl sein könnte, frage ich mich mittlerweile ernsthaft.] Interesse? Dann schreib mir bitte mit einer kleinen Info, was Du Dir an Honorar dafür vorstellst und gerne auch natürlich mit einem, zu den Aufgaben passenden Foto [also in Dessous oder lieber direkt nackisch?!] von Dir.

Falls nicht, sorry für meine Frage, wollte Dir nicht zu nahe treten, aber fragen kostet ja nichts ?

[Dieses Top-Job-Angebot hat meinen sexten Sinn nicht erreicht und blieb leider unbeantwortet.]

DER EWIGE STENZ

Donald, 10:44: Guten Abend würden sie auch Begleitung?

Carina, 10:51: Wer bist du überhaupt?

Donald, 10:53: Donald [Was für eine trumpsche Antwort. Oder war meine Frage zu unkonkret?]

Carina, 10:56: Wie alt?

Donald, 10:57: 58

Carina, 10:58: Foto?

Donald, 10:59: Warum wollen Sie Foto [Weil ich gerne meinen künftigen Sachbearbeiter, aber bitte nicht dessen kleinen Präsidenten sehen will.]

Donald, 11:03: Ich suche jemand zum weggehen Spaziergang unterhalten quatschen [ganz genau! Und es kam natürlich kein Foto.]

Carina, 11:05: oke

Donald, 11:08: Würden Sie machen?

Carina, 11:11: hmh

Carina, 11:12: Wieviel?

Donald, 11:13: 100

Carina, 11:15: und nur spazieren?

Donald, 11:16: Für 2-3stunden

Donald, 11:16: Ja Spaziergang unterhalten quatschen

Carina, 11:20: aber seriös! Kein Reiten, kein Angeln, kein Abtauchen! Ich lasse niemanden bei mir reinspazieren. [Und damit war die Unterhaltung beendet.]

DIE MASSAGE-UMFRAGE

Micha, 16:16: Hey kannst du masssieren?

Carina, 16:18: Klaro

Micha, 16:30: ?

Carina, 16:50: Nur meinen Freund.

DER MODELSCOUT

Nico, 16:33: Hi. Wie siehst du aus?

Carina, 16:38: Was tut das zur Sache? Aber: gut!

Nico, 16:40: Naja... je nach job ist das wichtig

Nico, 16:42: Was heißt gut?

Carina, 16:48: Welchen konkreten Job hast du für mich?

Nico, 16:50: Modell

Carina, 16:54: Keine Lust, sorry! [Ist meine 3-Wort-Antwort inklusive geölter Zeichensetzung nicht schon zu viel Invest als Reaktion auf eine so dürftige Beschreibung des Jobs, der für mich ohnehin nicht in Frage kommt?! Fraglich, welche Körperteile in die Kamera reingehalten werden sollen?]

DER SEMI-SERIÖSE-BEGINN

Chefkoch, 17:01: Hallo Carina, ich habe gerade deine Anzeige gefunden. Hast du möglicherweise Lust auf einen klitzekleinen Putz Job? Ich suche für meine Wohnung jemanden, die meine Wohnung putzt. [Ja, die Wohnung putzt nicht die Wohnung, und der Schwanz bläst sich nicht selbst.] Ich wohne in Charlottenburg und du brauchst ca 5 Stunden. wenn du Interesse hast, mail mir kurz wie viel du pro Stunde würdest putzen haben willst und wie du Zeit hast Punkt vielen Dank, mfg Chefkoch

Carina, 17:30: Kann nicht sooo gut putzen, sorry. [Kann sicher besser putzen, als du und ich Orthografie und Grammatik beherrschen. Wer sich jedoch nicht halbwegs sauber ausdrücken kann, oder sich nicht die Zeit nimmt und die Mühe macht, ordentlich formuliert zu schreiben, um eine ordentliche, fleißige Haushaltshilfe für seine ordentliche Wohnung zu finden... Tja...]

Chefkoch, 18:01: Ok. Danke. Hätte auch Lust auf mehr gehabt und wäre sehr gut bezahlt gewesen..

[Da hatte ich wieder mal den richtigen Riecher. Wieder so ein Nassgeschwitzter. No front. Würde so gerne meine wirklich echt guten Putzkünste in einem seriösen Haushalt wie ein emsiges Bienchen anwenden (vollständig bekleidet...).]

OPEN THE GATES

Roland, 16:04: Hallo Carina, wärst du je nach dem auch offen für was anderes? LG und schönen Tag noch

Carina, 16:45: hallo, für was genau?

Roland, 16:46: vielleicht ein kleines date? oder bilder?

oder was du halt magst. Sorry das ich so direkt bin

Carina, 16:47: was für ein date? was für bilder? [Als ob ich darauf einginge... ich will aber Klartext von dir.]

Roland, 16:48: spazieren gehen und unterhaltung zum kennen lernen, aber du hast sicher einen Freund

Carina, 16:49: Ich suche einen Nebenjob

Roland, 16:50: ja, ist halt gerade echt schwer wegen der kriese [sic!]. Wünsch dir alles Gute! Und sorry nochmal. LG Roland

Carina, 16:54: Drück dir die Daumen, dass die Tore bald wieder öffnen!

Roland, 16:55: Danke für dein Verständnis, das ist lieb. Bleib gesund!

Carina, 16:55: Danke Dir! Ebenso.

KONKRETE UTOPIE

Maleachi, 19:33: Hi Carina was wird den für ein Job gesucht?

Carina, 19:45: Steht doch in der Anzeige. Welches konkrete Jobangebot hast du für mich?

Maleachi, 19:50: Ich fragte was Du suchst. Dann schauen wir was geht

Carina, 19:59: Welches konkrete Jobangebot hast du für mich?

[Funkstille. Da will er wohl nicht mehr die Untiefen ausloten.]

DER WEDLER

Ulf Matthäus, 19:40: Auch hj 20min 50euro

Carina, 19:58: Was ist das?

Ulf Matthäus, 20:01: Haben Sie WhatsApp

Carina, 20:07: Nein [für dich nicht.]

Ulf Matthäus, 20:09: Willst du ne Samenspende?

Ulf Matthäus, 20:09: und dazu eine kleine Geldspende?!

DER UNGEPLANTE KOITUS

Hamoud Vitton, 04:30: Guten Morgen! Ich interessiere mich für Ihr Angebot und Ihre Dienstleistung. Arbeiten Sie auch im privaten Haushalt. Zahle viel und in bar nach der Arbeit. Gerne auch regelmäßig und langfristig. Wohne in Reinickendorf. Paßt es für Dich. Bin Deutscher gepflegt nett. Mit freundlichen Grüßen und Danke

Carina, 09:01: Welches konkrete Jobangebot haben Sie für mich? Details?

Hamoud Vitton, 09:11: Was möchtest Du denn wissen

Hamoud Vitton, 09:17: Haushaltshilfe. Unterhaltung und Gesellschaft usw

Carina, 09:18: usw... => no sex!

Hamoud Vitton, 09:19: Plane ich nicht

Carina, 09:34: Nur ganz ungeplant...

Hamoud Vitton, 09:38: Genau. :) Hast Du heute Zeit und Lust

Hamoud Vitton, 09:44: Magst Du Dich mal zeigen

[Weiß gerade nicht, was mir lieber ist: diejenigen, die mit der Tür ins Haus fallen (bzw. sie eintreten), oder diejenigen, die erst im zweiten oder dritten Satz die Hosen runter lassen.]

GESELLSCHAFTSGRÜNDUNG

Peyman, 21:12: Hi willst du schnell money verdienen

Carina, 21:17: Wer nicht?!

Peyman, 21:25: Machst du Gesellschaft mit mir privat

Peyman, 21:35: Zeig dich! [Schneller Chat-Exitus. Er hatte leider kein Foto für mich.]

DER AFRIKANISCHE MILLIONÄRSSOHN

Herr Schneider, 21:33: hallo suchen Sie noch ein arbeit

Carina, 21:39: Ja. Welchen konkreten Job haben Sie für mich?

Herr Schneider, 21:42: hallo!1 es is so bim Millionärs Sohn aus Afrika und such ein deutsch frau die ich finanziell unterstützen darf

Carina, 21:44: Hier bin ich.

Herr Schneider, 21:46: darf mann auch sehen wer da schreibt sind sie deutsche

Herr Schneider, 21:48: [sendet Fotos, eines jungen männlichen GQ-Models, das in Versace, Gucci und Prada gekleidet ist. Hauptsache plakative Luxus-Logos.]

Carina, 21:50: Wieviel bekäme ich denn?

Herr Schneider, 21:52: darf mann sie auch sehen

Herr Schneider, 21:55: haben sie interesse ja nein

[Diese Chance mit dem netten, gutaussehenden Herrn Schneider aus Afrika habe ich mir leichtfertig entgehen lassen.]

DER PORNO-GRAF

Harleyman, 17:45: Hallo. Ich suche ein Model für erotik Fotoshootings. Vielleicht hast du ja Lust auf einen hoch bezahlten Job. Ich zahle 500 € Pro Shooting

Carina, 19:12: Nein, Danke! [Ich bin immer noch in der falschen Branche.]

DIE GESCHENKE

Mandy, 17:55: Hey, mein Name ist Mandy und ich eröffne uns in kürze einen Erotikshop. Ich suche Leute die für mich toys und Dessous testen.

Das ganz läuft ganz diskret ab, du bekommst ein Packet testest und bewertest und schreibst dann einen heißen Bericht. Pro Artikel bekommst du 25€ , und die Artikel darfst du behalten. Falls du Interesse hast freue ich mich auf deine Nachricht :) viele Grüße Mandy

[Hier habe ich leider nicht geschaltet, Mandys Mail muss mir leider durch die Lappen gegangen sein. Jetzt ist es wohl zu spät, ein paar heiße Sextoys kostenlos abzugreifen?! Naja, einsame Abende sind selbst im schlimmsten Fall für mich in der nächsten Zeit vorerst nicht in Sicht angesichts der unfassbar riesigen Auswahl an sich anbietenden Herren hier.]

DER ISOLIERTE

Markus, 22:22: Hallo, wäre zu diesen ungewöhnlichen Zeiten auch das Interesse an einem Coronaeinschränkungsfreundlichen Job [das war ein paar Tage vor diesen Lockerungsdiskussionsorgien. Wer erinnert sich?] vorhanden?

Carina, 22:30: Welches konkrete Jobangebot haben Sie für mich?

Markus, 22:36: Das klingt jetzt sicher bescheuert, selbst mir ist es etwas unangenehm… Also, ich gehöre in diesen Zeiten zur Hochrisikogruppe. Daher bin ich nun schon total lang total abgeschottet allein bei mir zuhause. Dies schlägt leider sehr auf mein Gemüt. Meine Anfrage ist sicher auch ungewöhnlich. Daher würde ich mich zuerst mal erkundigen wollen ob Paypal und Webcam vorhanden wären?

Carina, 22:44: Leider habe ich weder Paypal noch Webcam.

Markus, 22:45: handycam?

Carina, 22:48: Sorry, ich zeige mich nicht so gerne.

Markus, 22:49: ich möchte aber was sehen

Carina, 22:51: Tut mir Leid. Ich möchte aber nichts zeigen.

Markus, 22:55: ok

DER UNBEANTWORTETE

Achim, 22:02: Treffen?

Achim, 22:03: 150

[So geht effektive Anwerbekommunikation. Nicht.]

RINSING

Mio, 18:22: Hast du schon mal Rinsing gegooglet? Wenn du dir das vorstellen magst, melde dich gerne bei mir!

Viele liebe Grüße

[Zu diesem Zeitpunkt meiner Entwicklung kam die

Nachricht etwas verfrüht und ich hatte echt keine Ahnung, was das ist. In der Riesenmenge der Nachrichten ist der unscheinbare Zweizeiler leider unbeantwortet untergegangen und der gute Mio (Millionär?) hatte weder die Lust, noch die Ausdauer, einen zweiten Anlauf zu spendieren, mich zu angeln. Wahrscheinlich hat er direkt eine willigere und offenherzigere Instagram-Dame für sein Spiel gefunden.]

ÜBERRASCHUNG

Klazo, 18:33: Hi, was genau bietest du alles an?

Carina, 18:38: welchen Job hast du für mich?

Klazo, 18:42: Massage bis intimes ?

Klazo, 18:43: habe es leider oft im Rücken...

Klazo, 18:58: Noch da?

[wer soll hier wen auf's Kreuz legen?]

DER REST

Schließlich wäre da noch der unzählbare und unbeantwortet gebliebene Rest derer, die mehr oder weniger geschickt entweder nur ein Foto, "um zu sehen, ob es passen könnte", oder direkt Bilder oder Videos von mir mit, wahlweise komplett nackten Tatsachen oder nur meiner Füße oder anderer fetischisierbarer Körperteile wollten.

An dieser Stelle meine ganz große demütige Bitte um Entschuldigung! Leider konnte ich nicht alle eure Anfragen zu eurer vollsten Zufriedenheit beantworten und auf all eure Wünsche eingehen – auch wenn ich mich hier mittlerweile fast schon zur Sex-Arbeit genötigt fühle und mir ein schlechtes Gewissen suggeriert wird, wenn ich nicht bereitwillig lasziv und höchstens noch halbbekleidet direkt, wie bestellt und erwartet, offenherzig vor der Webcam turne.

PHASE 2

Meine Reaktion: *auf das unseriöse Angebot einge-hen, mich jedoch möglichst unattraktiv darstellen.*

FERNVERKEHR

Maulwurf, 22:10: Hallo, was suchst du den

Carina, 22:12: was bietest du an?

Maulwurf, 22:16: Ich suche jemanden für Massage zu machen [wer will wem eine Massage *machen*?]

Carina, 22:18: Ich suche einen richtigen Job, nichts massageartiges oder dergleichen, sorry!

Maulwurf, 22:19: Ist nur Massage

Maulwurf, 22:20: Danke, schönen Abend noch

Carina, 22:20: Jaja, nur Massage, aber sicher willst du am Ende...

Maulwurf, 22:21: Kommt drauf an wie du das machst

Carina, 22:21: wie meinst du das?

Maulwurf, 22:22: Mit der Massage

Carina, 22:22: Wenn, dann komplett ohne den Bereich

Maulwurf, 22:23: Bis po

Carina, 22:23: Den auch nicht

Maulwurf, 22:23: Bin schon etwas älter

Carina, 22:24: Zeig mal!

Maulwurf, 22:24: Was zeigen

Maulwurf, 22:24: Bin 50Jahre alt

Carina, 22:24: Dich zeigen

Maulwurf, 22:25: [Foto zeigt einen eher 60 Jahre alten, faltigen Truckerfahrer hinterm Steuer in seinem LKW.]

Maulwurf, 22:25: Und du auch zeigen

Maulwurf, 22:26: Jeden Tag 10stunden Arbeit. Keine Erleichterung

Maulwurf, 22:27: Darum brauche ich mal eine Massage um alles abzuschütteln

Maulwurf, 22:28: Dein Foto

Maulwurf, 22:29: Bitte

Carina, 22:30: Dafür gibt´s doch seriöse Physiotherapie

Maulwurf, 22:30: Sind doch alle zu

Maulwurf, 22:33: Bekomme ich ein Foto von dir

Carina, 22:33: Ich hab immer eiskalte Hände, massiere weder gerne, noch gut.

Maulwurf, 22:34: Muss du wissen, suche einfach weiter, aber dein Foto bekomme ich, Pussy

Carina, 22:35: Das entscheide ich hier! [herzhafter Stoßseufzer]

NOCH NE MASSAGE

Milchschnitte, 01:10: Hey.. könntest du auch masssieren? LG Milchschnitte

Carina, 01:11: eventuell [= *nein*]

Milchschnitte, 01:15: Cool, von wo aus Berlin kommst du denn? Können wir per WhatsApp schreiben? Weil ich morgen früh eh wieder gesperrrt sein werde hier...

Carina, 01:16: warum gesperrt?

Milchschnitte, 01:20: Weil Texte mit masssiern zum Inhalt hier nicht erlaubt sind

Carina, 01:20: ich suche doch einen richtigen Job und biete doch gar keine Massage in meiner Anzeige.

Milchschnitte, 01:21: Ich habe aber ein entsprechendes Inserat hier drin. Ich werde hier jeden Tag gesperrt deswegen... [jeden Tag!] Und die lesen hier auch die Mails mit, wenn entsprechende Wörter benutzt werden...

Milchschnitte, 01:23: Hier in dem Foto steht meine Nummer [sendet Bilddatei mit seiner Handy-Nr] Falls ich nicht mehr antworten sollte hier, haben sie mich wieder gesperrt... Melde dich einfach dort dann, wenn du melken willst

Milchschnitte, 01:30: wann könntest du denn am Wochende meinen schmerz stillen?

DER HUNDEMENSCH

Helmut, 10:10: Halli hallo, würde zufällig auch Interesse an einer kleinen Tätigkeit mit großen Hunden bestehen? Lg Helmut

Carina, 10:50: Klar, was genau?

Helmut, 10:51: Die Hunde sind extra dafür trainiert und wir arbeiten auch immer mit dem Tierschutz zusammen. [Ernsthaft?!] Du müsstest dich auf den Rücken der großen Hunde setzen und darauf reiten oder balancieren.

Helmut, 11:05: Verschreckt? [wie krank ist das den(n)?!]

Carina, 11:11: Geht nicht. Habe 95kg [Eher nur die Hälfte, braucht der Helmut aber nicht wissen.]

Helmut, 11:13: Angst das du zu schwer bist?

Carina, 12:01: ja

Helmut, 12:05: Das geht schon. Keine Sorge

Carina, 12:08: So was ist nix für mich. Ist Tierquälerei!

SUGARDADDY

Lukas, 17:10: Hey warum überhaupt noch arbeiten wenn es doch Sponsoren gibt. Wer Dich sponsern soll? Ich! Ich bin Lukas 28 aus der Mannheimer Gegend. Ich bin beruflich in der IT und hab nur wenig Zeit aber mehr als genug Taler und daher hier dieser Weg. Was du im

Gegenzug machen musst? Mich unterhalten mit heißen Chats Bildern und Videos. Was du dafür bekommst? Ein wöchentliches Tasexhengeld [sic!] und zwischendrin was du so brauchst für Rechnungen etc. [Das ist mal ein gutes Angebot!] Das Geld wird immer wöchentlich überwiesen. Also wenn du Interesse hast meld dich!

Carina, 17:37: Unterhalten: Ja. Bilder und Videos eher nicht.

Lukas, 17:40: Naja

[Da habe ich taktisch unklug reagiert; den Sponsor vorschnell verprellt; mit ein klein wenig Entgegenkommen meinerseits, wäre bestimmt mehr für mich drin gewesen, und ich all meiner finanziellen Sorgen entledigt (zumindest für diese eine Woche), sobald meine überflüssigen Hüllen vor der Webcam aufreizend langsam fallen.]

KÖRPERBEFREIUNG

Sören Ökölögö, 08:04: Guten Morgen, Es geht um einen lockeren Putzjob. Ich bin Sören Männlich aus Berlin Prenzl und 25 Jahre alt. Ich suche für Mittwoch, übermorgen ab 10 Uhr eine zuverlässige und offene Person für meine neue Wohnung die ein wenig geputzt werden müsste, Bad, Küche und Wohnzimmer ist offen.

Ich bin Neu eingezogen in der Wohnung. Du solltest aufgeschlossen und locker sein, da ich überwiegend Nackt in meiner Wohnung rum laufe, da ich mich so nicht so eingeengt und wohler fühle und es sollte dir nichts ausmachen. Es hat absolut nichts mit Sex zutun und suche keinen Sex. Bitte nicht falsch verstehen. Gerne auch zum Kaffee trinken und quatschen. Putzzeit sollte für ca. 2 Stunden sein oder und auch nur unterhalten. Ich zahle dafür gerne 130€. Wenn alles passt gerne wöchentlich kannst du ein wenig putzen kommen. Es ist ernst gemeint. Bitte hinterlasse mir eine Rufnummer. Freue mich auf Nachricht. LG Sören

Carina, 10:03: Ok, soll ich auch nackt sein?

Sören Ökölögö, 11:08: Hallo Carina, danke für deine Antwort. Wenn du auch magst dabei Nackt zu sein?

Sören Ökölögö, 11:11: Möchtest du am Donnerstag kommen? LG Sören

Sören Ökölögö, 11:20: Hast du Interesse Carina? gebe dir wie ich bereits geschrieben hatte 130€

Sören Ökölögö, 11:44: Du musst nicht Nackt sein wenn du das nicht möchtest. Ich wäre dann Nackt und lass ihn frei schwingen wenn es für dich in Ordnung ist? Gib mir mal bitte Bescheid wegen Donnerstag

Carina, 11:59: Meine Mutter findet das sicher nicht so gut.

Sören Ökölögö, 12:02: Achso, bist 17 ?? wusste ich nicht, muss ja niemand wissen, oder wollest du deine Mutter davon erzählen?

Carina, 12:20: Nein, bin 18, aber hab so was noch nicht gemacht, überlege es mir.

Sören Ökölögö, 12:30: Okay kann auch verstehe natörlich. Wenn du es machen möchtest gerne. Würde dir 130€ geben und meine es ernst. Musst dir keine Sorgen machen, das ich dich belästige. Ich wäre lediglich nur Nackt da und Handballspieler. Gib mir dann Bescheid ok? wegen Donnerstag. Hast du eventuell ein Foto von dir? LG Sören

Carina, 13:37: Schicke keine Bilder im Internet an Fremde. [Die darauf garantiert folgende Sauerei müsstest du eh selbst weg wischen.]

WIEDER WAS NORMALES

Heiko, 16:22: Hallo besteht eventuell Interesse an einem easy lukrativen online Job? Mfg

Carina, 16:37: was den

Heiko, 16:37: Mit chatten € verdienen

Carina, 16:38: Aber keine nackten Tatsachen

JEGLICHES

Klaus, 07:50: Guten Tag! hoffe ich darf Ihnen das folgende Angebot für Arbeit unter breiten. Wenn Sie offen und kommunikativ sind und Sie mit mir chatten/schreiben würden, würde ich Sie dafür sehr gerne grosszügig dafür bezahlen. Was meinen Sie dazu? Liebe Grüsse Klaus

Carina, 12:05: oke

Klaus, 12:18: Vielen Dank für Ihre Antwort! Ich möchte mich sehr gerne mit Ihnen über jegliche Themen unterhalten aber auch über intimes. Falls wir über Telegram chatten können, wäre es mir gerne min. 400€ monatlich Wert. Würde Sie das interessieren? [da hätte ich mich wohl besser noch mal gemeldet merke ich gerade...?!]

SCHÖNER ABEND

Mehdi, 18:20: Hey Carina. Ich möchte gerne mal einen schöne Zeit und einen schönen Abend mit dir verbringen wollen. Sehr gute Belohnung bis zu 200 in Bar. Bei Interesse bitte mit einigen Fotos von dir. LG Mehdi.

Carina, 18:25: Sind die €200 pro Stunde?

Mehdi, 18:40: Fotos von dir?

Mehdi, 18:48: Ohne Foto geht es nicht!!!

Carina, 18:50: Dann eben nicht!

DER CHARMANTE COACH

Geweblicher Anbitter, 21:59: Hallo, hast du whatsapp! Wegen putzen? Send mir mal Fotos wie du aussiehst.

Carina, 22:10: für´s Putzen brauch ich keine Fotos.

Geweblicher Anbitter, 23:15: Putzt du auch mit High Heels?? [zweiter Anlauf]

Carina, 23:23: hab nur so mittelhohe, ca 7 cm

Geweblicher Anbitter, 23:25: nix mit über 12 cm?

Carina, 23:29: ab 12 cm wirds richtig hoch. Das ist mir auf Dauer viel zu unbequem!

Geweblicher Anbitter, 23:35: Haha ok

Geweblicher Anbitter, 23:39: Du könntest bei mir mal ganz privat putzen kommen

Carina, 23:44: Könnte ich?! Auf jeden Fall ohne!

Geweblicher Anbitter, 23:45: Ok, Könnte auch mehr bezahlen

Geweblicher Anbitter, 23:46: kommt drauf an wie kurvig du bist?

Carina, 23:47: Alles nicht mehr so in Form wie vor 10 Jahren [Gib doch einfach auf, Junge.]

Geweblicher Anbitter, 23:47: Dann Sport machen

Geweblicher Anbitter, 23:51: Zeig mal Fotos

Carina, 23:59: Sport hilft den Brüsten nicht

Geweblicher Anbitter, 00:00: Aber Beine und Po

Geweblicher Anbitter, 00:10: Mach schon. zeig mal dein Body

Carina, 00:19: Ist mir egal, ich bin keine 20 mehr [stimmt. Bin ja erst 18, haha]

Geweblicher Anbitter, 00:19: Mal sehen bestimmt kann ich dich wieder fit machen

Geweblicher Anbitter, 00:25: Bin neben bei Trainer

Carina, 00:30: Wie das? Wofür Trainer?

Geweblicher Anbitter, 00:33: Durch Training

Geweblicher Anbitter, 00:40: Zeig mal dein Körper Schneckchen

Geweblicher Anbitter, 00:48: Gesicht kannst du ja unkenntlich machen

Geweblicher Anbitter, 00:56: Keine Angst?

Carina, 00:58: Zeig erst mal dich, ich lass mich nicht von jedem trainieren!

Geweblicher Anbitter, 00:59: [Foto, abgeschnittener Kopf, eingeölter Oberkörper, angespannter Bizeps von nacktem Muskelmann]

Geweblicher Anbitter, 00:59: [Foto, diesmal bekleidet. Der Muskelmann im billigen Polyester-Anzug mit gefaktem Louis Vuitton-Gürtel in unangenehmer Macho-Pose]

Carina, 01:05: Ist der LV echt oder fake… [Bist du auch ein Fake? Selbst wenn er (der Gürtel bzw. der Mann) echt ist/sind, ist das alles leider so gar nicht mein Fall, sorry, Ciao!]

Geweblicher Anbitter, 01:06: Was babbelst du Fake

Geweblicher Anbitter, 01:07: Du arme sau

Geweblicher Anbitter, 01:08: Trotzdem bin ich nicht so billig wie du und verkaufe mich in kleinanzeigen

Geweblicher Anbitter, 01:12: Lass deine möse von alten Säcken buchen und bezahlen

Geweblicher Anbitter, 01:12: billige Hartgeldhure

Geweblicher Anbitter, 01:15: Alte und arrogant, dazu nen scheiss Body

Geweblicher Anbitter, 01:17: Zieh ab

Geweblicher Anbitter, 01:18: Kein Bock mehr auf dich

Geweblicher Anbitter, 01:18: hässliche

Geweblicher Anbitter, 01:19: Sogar für Putzen bist du zu hängen geblieben

Geweblicher Anbitter, 01:19: Dachtest auch hier sind nur alte Säcke und Menschen ohne Zähne im Maul?

Geweblicher Anbitter, 01:19: Zieh ab

DIE GENERATIONENFRAGE

Giovanni, 22:18: Hallo suche jemanden der mir im Haushalt hilft und mich waschen und Körper rasieren kann. Mfg

Carina, 22:22: Brauchen Sie eine Pflegekraft? Wie alt sind Sie?

Giovanni, 22:38: Ich bin 42

Carina, 22:42: Und warum können Sie das dann nicht mehr selbst?

Giovanni, 22:43: Bin beruflich extrem unter Druck und eingespannt mit 12 Stunden und möchte es mir nur mit dem Haushalt zusammen gönnen um einfach mal abzuschalten und mal etwas Ruhe zu haben und schön zu entspannen.

Carina, 22:45: Aha [unschöne Vorstellung!]

Giovanni, 22:46: Wieviel möchtest du gern po [sic!] Stunde?

Giovanni, 22:46: Wie alt bist du?

Carina, 22:49: 54 [hab mich mal eben verdreifacht]

Carina, 22:50: Oder soll ich meine Tochter fragen?

Giovanni, 22:53: Wie du möchtest, wie alt ist die denn?

Carina, 23:00: 18 [und flugs zurück verwandelt in mein alter ego, die eigene Tochter.]

Giovanni, 23:00: Also ja kannst sie gern fragen !!

Giovanni, 23:20: Gibst du mir bescheid?

Carina, 23:30: Sie sagt [ich sage]: du bist zu alt für sie [mich], LOL

Giovanni, 23:33: Okay

Giovanni, 23:36: Kannen sie mir nen slip verkaufen?

Carina, 23:38: Wer? Ich oder meine Tochter?

Giovanni, 23:38: Sie

Giovanni, 23:44: Du hast erst am Wochenende Zeit oder ?

Carina, 23:48: ja

Carina, 23:48: Slip kostet 50

Giovanni, 23:49: Wann könnte ich den bekommen?

Carina, 23:51: Sobald die Post ihn ausliefert.

Giovanni, 23:53: Okay, wenn sie aber mal für 2 stunden mag, gib mir bescheid

Carina, 23:55: Okey. Also kein Slip?

Giovanni, 23:59: Per Post ist mir nichts

[Und Schizophrenie nichts für mich.]

CURVY-MODEL

J. Bond, 18:00: Hallo. Kannst du dir auch vorstellen zu Modeln?

Carina, 18:02: Haha, nein ich bin viel zu klein und zu dick! [naja, eigentlich bin ich groß und schlank]

J. Bond, 18:05: Wer weiß

J. Bond, 18:05: Wie groß bist du?

Carina, 18:07: 1,50

J. Bond, 18:07: Sehr gut

J. Bond, 18:07: Dein Gewicht?

Carina, 18:12: 85

J. Bond, 18:12: Super

J. Bond, 18:13: Kleidergröße Bh Schuhgröße

Carina, 18:18: 40-42, 85-90a, 38 [mal geraten]

J. Bond, 18:18: Perfekt

J. Bond, 18:18: Gut

J. Bond, 18:18: Sehr gut

J. Bond, 18:20: Hast du mal Bilder von dir?

J. Bond, 18:22: Oder?! Magst du was anderes machen außer Bilder?

Carina, 18:28: nein, zeig du mal

J. Bond, 18:28: Von mir?

J. Bond, 18:33: ???

J. Bond, 18:34: Was möchtest du sehen?

Carina, 18:35: Den, der mich erwartet?! [oh, das könnte man auch anders verstehen]

J. Bond, 18:40: Das bin ich. [Ein Foto von ihm, an das ich mich nicht mehr erinnere, also vermutlich keine 007-würdige Erscheinung. Immerhin Glück gehabt: kein

Dickpic.]

J. Bond, 18:40: Und du?

J. Bond, 18:44: ???

J. Bond, 18:50: ich geb mal meine nr, melde dich

J. Bond, 18:50: Aber WhatsApp bitte

J. Bond, 18:50: 017269...

Carina, 18:56: Sorry, möchte lieber nicht.

J. Bond, 18:56: Wann denn?

J. Bond, 18:57: Ok. Pastorentochter?

J. Bond, 18:59: Aber sehr schade.

KEN SUCHT BARBIE

Kenny, 08:45: Hallo! Ich suche eine junge aufgeschlossene Dame die einmal die Woche für 2 Stunden kommt und für leichte Haushaltstätlichkeiten [!] aushilft zahle dafür pauschal 50-75€ Bei Interesse bitte melden Lg

Carina, 12:30: Welche Tätigkeit genau? Wann und wo?

Kenny, 13:13: In Marzahn Leichte Haushaltshilfe

Carina, 13:35: was verstehst du unter "leicht"?

Kenny, 13:37: Naja leicht so wie wischen und saugen

Carina, 13:38: Du meinst die Wohnung?

Kenny, 13:39: Der war gut ;) natürlich meine ich damit nicht mich sondern meine Wohnung

Kenny, 13:41: Und hast du Interesse

Kenny, 13:41: ?

Carina, 13:42: also nur Whg, oke?

Kenny, 13:43: Ja nur die Wohnung [noch mal Glück gehabt, oder?!]

Kenny, 13:43: Wie jung bist du aber

Carina, 13:44: ganz frisch volljährig [so frisch, dass bald 19. Merke: die Frage nach dem Alter verheißt nie was Gutes.]

Kenny, 13:45: Das heißt

Carina, 13:45: rechne selbst

Kenny, 13:47: Ok

Kenny, 13:47: Willst du machen

Kenny, 13:49: Welche Nationalität bist du

Carina, 13:51: jüdisch

Kenny, 13:52: Ok

Kenny, 13:53: Möchtest du das machen mit der Wohnung oder nicht Du kannst heute noch kommen wenn du magst

Carina, 13:55: Ja, aber heute nicht mehr, habe zu viele andere Angebote vorher...

Kenny, 13:55: Hast du bessere Angebote bekommen

Kenny, 13:59: Hast du ein Foto von dir ?

Carina, 13:59: ja – bessere Angebote [schön wär's, wenn

die *besseren* seriös gewesen wären] und – nein kein Foto!

Kenny, 13:59: Wieviel besser ist das Angebot. Vielleicht kann ich es ja toppen ?

Kenny, 14:01: Ok kein Foto kein Problem

Kenny, 14:02: Wie groß bist du

Carina, 14:03: 1,50

Kenny, 14:04: Konfektionsgröße

Carina, 14:05: Wiege 85 [bin immer noch größer und schlanker, doch das sollte vollkommen irrelevant sein] aber spielt für Putzen keine Rolle

Kenny, 14:05: Stimmt

Kenny, 14:09: Magst du das ich dir ein besseres Angebot mache

Carina, 14:14: Na, dann probiere es ruhig, haha

Kenny, 14:17: 100 ?

Kenny, 14:18: ?

Carina, 14:30: Für meine Putzkünste €100 in 2h?

Kenny, 14:32: ja, putzen und noch ein bisschen mehr wischen, reiben und aufsaugen

WIEDERVORLAGE: KEN IMMER NOCH OHNE BARBIE

Kenny, 18:18: Hallöschen! Ich suche eine Dame die für 2 Stunden kommt und mir ein bisschen Gesellschaft leistet und mit mir zusammen chillt zahle dafür pauschal 50-85 Bar auf die Hand. Bei Interesse bitte melden, Lg [Was ich mich bei der großen Spanne an gebotenen Preisen frage: Werden die höheren Summen tatsächlich auch gezahlt? Oder ist es nur ein Lockmittel und es geht realistisch nur um so geringe Beträge wie hier bei meinem Ken? Im schlimmsten Fall wird man am Ende nach geleisteter Arbeit noch um seinen Lohn geprellt und hat nicht nur den gesundheitlichen (körperlich und seelisch), sondern auch den finanziellen Schaden. Ganz abgesehen von der Zeitverschwendung. Aber Zeit ist derzeit (neben *Sexismus*) das einzige, woran kein Mangel besteht… (Danke, *Corona*)]

DER VERSTÄNDNISVOLLE

Finger, 23:45: Hey, würdest du auch fotos senden wollen? lg und danke

Finger, 23:57: schade ?!

Finger, 07:25: Machst du auch was privates?

Carina, 15:25: Hey, sorry, ich mache kein Fototausch oder sowas.

Finger, 15:26: ok, was denn?

Carina, 15:27: wie es in der Anzeige steht.

Finger, 15:27: Haushaltshilfe? Bei mir?

Carina, 15:28: Momentan ist halt leider kein anständiger und normaler Job zu bekommen. Nur Sachen, die ich eigentlich nicht machen will.

Finger, 15:30: ja ist echt schwer grad. also auch keine treffen oder so möglich

Finger, 15:46: was wäre möglich mit dir? eine schöne zeit? [er weiß ja noch nicht mal, wie ich aussehe. Er kann ja nicht wissen, dass ich ihm sicher gefallen würde. Inserate ohne Foto können ja auch durchaus eine optische Ursache haben.]

Carina, 15:47: Du fragst ja wenigstens noch nett.

Finger, 15:47: warum "wenigstens"??

Carina, 15:50: Naja, was man hier an den Kopf geschmissen bekommt von manchen... wie die so fragen.

Finger, 15:54: Ok, so bin ich nicht. Weißt du?! Ist halt in der Krise grad schwer jmd zu treffen. Will dir da nicht zu nahe treten. Suche keine Beziehung, sondern nur etwas Unterhaltung und vielleicht dazu noch Spaß wen [!] alles passen sollte. ;)

Carina, 15:55: außerdem weißt du doch nichts über mich. Wie ich so bin und aussehe?

Finger, 15:56: ja, leider. Ein Foto bekomme ich ja nicht von dir, oder doch?! Du scheinst ja trotzdem eine Nette und liebe zu sein

Finger, 15:56: und wer hat den [!] keine Sehnsucht. Grad jetzt in der schlimmen Zeit.

Carina, 15:57: Danke!

Carina, 15:58: Verständliches Bedürfnis. Nur habe ich hier unter der Rubrik Nebenjob sehr eindeutig inseriert und nicht unter Freundschaften und Bekanntschaften. Brauche ernsthaft echt dringend wieder einen Minijob. Hier bieten doch mehr als genug "Schülerinnen" und "Studentinnen" mit freizügig-offenherzig eindeutigen Fotos und zweideutigen Texten "auf Job-Suche" ihre speziellen Dienste an. Also warum mich anschreiben und Zeit verschwenden?! Viel Glück.

Finger, 15:59: Oke, ja. Suche halt ein normales nettes Mädchen und keine von diesen... Danke, und sorry noch mal. Alles Gute!

Carina, 16:00: Dir auch :)

PRIVATSACHE

Bro Roman, 22:33: Hallo???

Carina, 22:39: hi

Bro Roman, 22:44: Geht auch etwas privates?

Carina, 22:45: was den [mal wieder extra *den* statt *denn*]

Bro Roman, 22:45: Treffen und kennenlernen

Carina, 22:46: eh zu teuer für dich

Bro Roman, 22:47: Wieviel?

Carina, 22:49: Treffe keine Leute, die ich nicht kenne

Bro Roman, 22:50: Deswegen möchte ich dich treffen

Bro Roman, 22:50: Sonst können wir uns nicht kennenlernen

Carina, 22:55: Sorry, Bro, hab genug Bekannte.

[manchmal bin ich gar nicht lieb und nett. Diggah, war ich alpha? So Ober-Boss-Mode-Style?]

SIEH AN

Omar, 23:30: Hallo würdest du auch Bilder oder Videos versenden?

Carina, 23:33: Was für Bilder?

Omar, 23:33: Von dir! Für dough natürlich

Carina, 23:38: Nein, Danke!

Omar, 23:44: Ok

Omar, 23:44: Sorry

Omar, 23:44: Darf ich dich trotzdem noch was fragen?

[Oje. Neugier vs. Angst.]

Carina, 23:55: was denn?

Omar, 23:56: es ist mir etwas peinlich

Carina, 23:57: was denn?

Omar, 23:58: also wie groß müsste ER sein?

Carina, 00:07: was meinst du?

Omar, 00:08: naja beim Mann, wie groß müsste mein Ding sein?

Carina, 00:10: wie groß deiner ist, ist mir ziemlich egal. Aber grundsätzlich müsste er schon ordentlich lang und dick sein. Mindestens 20 cm

Omar, 00:12: willst du mal sehen?

Omar, 00:14: ?

Carina, 00:18: ?

Omar, 00:18: ihn dir zeigen?

Carina, 00:20: wenn du dich traust?

Omar, 00:20: [Foto eines schlaff-faltigen Gemächts]

Omar, 00:20: das ist live von jetzt

Omar, 00:21: ?!

Omar, 00:22: bist du noch da?

Carina, 00:23: naja...

Omar, 00:23: geht leider grad nicht hoch

Carina, 00:24: Warum? soll ich dir auch noch helfen, oder wie?

Omar, 00:24: ist er groß genug?

Carina, 00:24: kann ich erst beurteilen, wenn er steif und fest ist

Omar, 00:25: [Foto, der ehemals Schlaffe, ist jetzt zwar steif, aber kaum größer.]

Omar, 00:25: und was sagst du?

Carina, 00:24: soll ich jetzt etwa feucht werden oder was?

Omar, 00:25: zeig du dich doch mal?

Omar, 00:25: und wie findest du ihn??

Carina, 00:25: soll ich mir das alles etwa barmherzig und ehrenamtlich antun? Oder bekomme ich €s dafür?

Omar, 00:27: bitte!

Carina, 00:30: lass mich in Ruhe und schick mir keine weiteren Bilder! Mein Freund liegt neben mir.

Omar, 00:30: ok schade. Hab grad so volle Eier

Omar, 00:39: ?

Omar, 00:44: jetzt hängt er wieder

TREFFPUNKT

Norbert, 09:33: Habe was für dich

Carina, 10:07: Ok

Norbert, 10:10: Magst dich mal treffen?

Norbert, 10:50: Und?

Norbert, 11:01: Würde dir 150€ zahlen

Carina, 11:08: Bild?

Norbert, 11:09: [Foto von einem 08/15 Standardmann mittleren Alters, mittleren Aussehens, mittelgut gekleidet, wenigstens nicht Mitte nackt.]

Norbert, 11:10: Ein Foto von dir bitte

Norbert, 11:20: Und?

Norbert, 11:27: Noch Interesse?

Norbert, 11:42: Und?

Norbert, 11:55: ??

Carina, 12:01: zu alt! [zu fade, zu wenig echter Job für mich...]

PROMOTION

Herr Doktor, 20:04: wie alt bist du? deutscher doktor sucht für vormittags privat ...stehts barauszahlung

Carina, 20:09: Was für ein Arzt sind Sie?

Herr Doktor, 20:12: wie alt????

Carina, 20:18: gerade so erwachsen

Herr Doktor, 20:20: ok. morgen vormittag die ersten 150,- bar. ich bin ein echter doktor und kein arzt. ein komplettes fotomöchte ich mal sehen [Habe leider kein Foto für dich.]

Herr Doktor, 20:22: echter Deutscher [Nazi?] und 45

Carina, 20:30: Ich bin voll und ganz gesund und präsentiere mich nur einem echten Arzt. Andere, sog. Doktores haben keine Chance. Sorry.

Herr Doktor, 20:33: Schwachsinn. bye

GUTE GELEGENHEIT

Lörres, 00:22: Hallo. Ich biete Ihnen einen Gelegenheits Job 150 Euro pro Einsatz und leichten Tätigkeiten. Bei Interesse freue ich mich über eine Antwort

Carina, 00:25: oke für was? [wie sie sich anscheinend freuen über so eine vermeintlich positive Antwort]

Lörres, 00:25: Hallo 150 Euro für ein s.x date eine stunde mit mir. Auch regelmäßig möglich Über deine Antwort und einem Bild von dir würde ich mich freuen. Ein etwas ungewöhnliches Angebot aber vielleicht hast du Interesse? [So einen Text-Kandidat hatte ich doch schon mal, oder?! Damals in Phase 1 hieß der Lörres noch Marco.]

Carina, 00:25: Wie siehst du aus und wie alt bist du?

Lörres, 00:26: Bin 46 Ok?

Lörres, 00:26: Erst Bild von dir dann eins von mir

Carina, 00:27: Bin etwas mollig. Gönn dir richtig, wenn du mich in Fahrt bringst. [hahaha]

Lörres, 00:28: Ok

Lörres, 00:28: Bild?

Lörres, 00:33: ??

Lörres, 00:38: Heißt du zufällig Mörres?

Lörres, 00:40: Mein Lörres würde deiner Mörres bestimmt gut tun!

Lörres, 00:42: Schick einfach 1 bild u wir reden weiter

Lörres, 00:49: Wer möchte hier was verdienen?

Lörres, 00:56: Deine Mumu brauch es doch sicher mal wieder ordentlich! Bin bereit!

Lörres, 00:59: Bey bey baby

[Gut, dass ich erst am nächsten Morgen das weitere niveauvolle Getexte mitbekommen habe. Habe wohl nichts Großartiges verpasst, wenn zwischen seiner Bereitschaft und *Auf Wiedersehen* nur drei Minuten liegen.]

RINSING, GANZ EINFACH

Fastlane, 22:43: Rinsing?

Carina, 23:02: Ja, gerne!

Fastlane, 23:03: Freut mich! Wie siehst du denn aus? Bist du auf Insta?

Carina, 23:05: Ganz normale Figur und hübsches Gesicht würde ich sagen. Nein, bin leider nicht auf Insta.

Fastlane, 23:06: Schade.

[So schnell ist die neue Rinsing-Chance schon wieder vertan. Gar nicht so einfach, auf der Überholspur an einfach verdienten Schotter zu kommen.]

PHASE 3

Die Paar-Nummer: *Test einer anderen Strategie.*

Werden die notständig/-geilen Kerle durch meinen virtuellen Freund abgeschreckt, oder bieten sie einer vergebenen Frau trotzdem ihre tollen Künste an? Hierzu habe ich die Ausgangsanzeige mit folgendem Zusatz etwas modifiziert:

"Studentin, 18, suche hier (wie mein Freund) auch einen Nebenjob / Minijob" bzw. als Variante: *"Pärchen sucht (...). Bitte mit einem konkreten und seriösen Angebot melden. Dankeschön und freundliche Grüße"*

DER GEWINNER

Kristian, 22:02: Hallo Carina, ich bin 32 Jahre jung und [mache es mir] selbst ständig. Darf ich fragen wieviel Schulden ihr habt? Ich mache genug Gewinne und bestimmt kann ich dir ja finanziell helfen. Hast du mal ein Foto von dir damit ich weiss mit wem ich es zutun habe?

Freundliche Grüße

Carina, 22:05: was bietest du an?

Kristian, 22:07: Da müsstest du mir sagen was du machen

möchtest/würdest damit ich euch finanziell helfe. Ich benötige leider keine Arbeitskraft da ich meine arbeiten alleine ausführe, aber natürlich [wie nobel!] würde ich euch bei euern Schulden helfen.

Carina, 22:08: Wir suchen richtige Jobs, auf gar keinen Fall unseriöse Sachen, sorry, trotzdem lieb von dir!

Kristian, 22:15: Ich weiss ja nicht ob du dich [wen von uns beiden meinst du?] mit mir treffen würdest?

Carina, 22:22: Hm, kommt drauf an, wie du aussiehst? [Glaubt er wirklich, dass ich innerhalb von weniger als einer Viertelstunde meine Meinung um 180 Grad geändert habe?]

Kristian, 22:23: Na von dir habe ich ja leider noch kein Foto bekommen. Was kommt denn da dann drauf an? Was wäre denn möglich?

Carina, 22:23: ob du mir gefällst

Kristian, 22:24: Schickst du bitte ein Foto dann bekommst du eins ? [wenn ich doch nur ein gutes Foto von mir hätte, wer weiß, was daraus hätte werden können…]

WÖRTSTARKER FLEXER

Ali, 22:38: Kann man euch flexen

Carina, 22:39: ?

Ali, 22:39: Bist du schon 18?

Ali, 22:39: ?

Ali, 22:41: [Zwei Fotos eines unsympathisch grimmig dreinblickenden, glatzköpfigen Bodybuilders mit nacktem, zu stark sonnenbankgebräunten Oberkörper auf der Liegewiese im Freibad]

Ali, 22:42: Flexen = sex haben

Carina, 22:43: Sorry, das ist mir ein wenig zu viel gepumpt.

Ali, 22:43: Klär deine freundin [Welche Freundin?]

Carina, 22:45: Lesen ist nicht deine Stärke!

Ali, 22:45: Hure

Ali, 22:46: Nutte

Ali, 22:46: F0tze

Ali, 22:47: Futt

DER FLEXIBLE

Banker, 22:29: Hey Carina du und dein Freund was genau für Arbeit sucht ihr genau

Carina, 22:33: Was bietest du?

Banker, 22:33: Seit ihr auch für sexuelle Absichten offen [wessen sexuelle Absichten?]

Carina, 22:33: seid / seit

Banker, 22:34: Also 3er. Sandwich ja aber keine Bi

Aktionen.

Banker, 22:35: Also nur doppelloch. nicht mann mit mann. Kein wurstsalat.

Carina, 22:36: Mein Freund hätte aber Bock drauf [hahaha]!

Banker, 22:36: Gerne kann dein Freund bei mir blasenn [senn!sationelle Offerte] aber nicht umgekehrt

Banker, 22:37: Wie sieht ihr aus

Banker, 22:38: Und was nimmt ihr für stunde an Bezahlung

[Ist es für die Männerwelt echt so schlimm, dass die offiziellen Bordelle und Swingerclubs gerade mal erst seit ein paar Tagen ihren Service zwangspausieren?!]

PEDANTISCHER STELLUNGS-BLITZ-KRIEG

Günter Jauche, 21:01: Ich SUCHE ab sofort (gegen sehr gute Bezahlung), eine offene, freundliche, fähige und diskrete Haushaltshilfe. VOLL SERIÖS, EHRLICH UND KEIN FAKE Das gilt bis gelöscht!

!Bitte senden Sir [sic!] mir mit Ihrer Bewerbung eine funktionierende Mailadresse mit, damit ich Ihnen vorneweg schon genaue Informationen über die Anforderungen und Aufgaben übersenden kann. Danke! Nun zu der STELLUNG: Ihr Alter und Ihre

Nationalität sind nicht ausschlaggebend aber trotzdem interessant für mich. Wen suche ich? Eine nette, fähige und DISKRETE Putzfee - Dafür biete ich: Einen gut bezahlten (Vertrauensstellung!) Putzjob. Probezeit: 2h und 80€. Wenn Sie noch heute kommen können. Danach, wenn es für beide Seiten passt, 2x 3-4h/Woche. Oder 1x5h am Wochenende?Stundenlohn: 30 (240 pro Woche). Tägl. Ausbezahlt. Brauche jemanden der ich voll vertrauen kann und die meine Wohnung in Ordnung hält (neben putzen, bügeln, fensterputzen, auch mal den Kühlschrank und den Vorratsschrank durchsehen). !!!Bei Interesse bitte ein paar Angaben zu sich, wann Sie beginnen können und ob z.B. Vorerfahrungen vorhanden sind. !TÄGLICH AUSZAHLUNG!!! Die Wohnung ist sehr, sehr gut an Bus, Bahn angeschlossen. Es grüßt Sie freundlich Günter Jauche [Zum Glück grüßt er zum Schluss einen so freundlich. Das lässt sein großzügiges Angebot gleich in einem viel humaneren Licht erscheinen.]

Carina, 21:07: Tut uns leid, sorry. Aber trotzdem vielen Dank! Liebe Grüße

Günter Jauche, 21:33: Was sucht Ihr dann? ;)

Günter Jauche, 21:35: Ich kann euch auch für 100 zusehen... Oder so...

Carina, 21:55: Kress. Erst seriös putzen und jetzt die Pupillen verrenken?!

BARFUß

Tony, 21:44: Hi ihr beiden, ich würde viele Mäuse bezahlen für ein paar Fotos. Keine Nacktbilder oder so, nix wildes. Würdet ihr das auch machen? VG

Carina, 21:45: Was für Bilder genau?

Tony, 21:47: Einfach nur Bilder von euren, eigentlich nur ihren, Füßen und Zehen. Einfach barfuß

Carina, 21:59: überleg ich mir [lol]

[PS: Wenn ich gewusst hätte, dass das das wahrscheinlich beste Angebot für die nächsten Wochen sein würde, hätte ich es wohl lieber mal angenommen, dann müsste ich in meiner persönlichen Krisen-Not jetzt kein bizarres *CORONA SEXISMUS* Buch schreiben. Im Nachhinein betrachtet, wollte Tony wirklich verhältnismäßig "nichts Wildes", solange er Freude daran hat. ;)]

DER ÄNGSTLICHE GÄNGSTA

Hassan, 17:17: Hallo Carina! Kann ich dir 100 Euro anbieten. Bitte melde dich Lg

Carina, 17:20: Gerne! Mein Freund hat aber mehr

Schulden als ich. Biete sie besser ihm an.

Hassan, 17:22: Möchte aber dich Haben

Carina, 17:29: hmh, ich rede mal mit ihm

Hassan, 17:29: Ja bitte

Hassan, 17:33: Seid ihr offen paar? Auch für Spaß?

Carina, 17:40: ich ja, er nein [oder ich nein und er ja/nein?]

Hassan, 17:44: Dann komm bitte zu mir Für halbe Stunde

Carina, 17:46: was soll ich in der halben Stunde machen?

Hassan, 17:46: mir würde schon was einfallen! Hab lange nicht mehr abgeeichelt :(

Carina, 17:47: und wen [;)] ich dir nicht gefalle

Hassan, 17:47: Dann schicke mir Bild von dir

Hassan, 17:48: Kriegst du trotzdem patte von mir

Hassan, 17:50: Und? Kommst du zu mir?

Carina, 17:50: ok wo genau [hab ich das wirklich geschrieben?! Wohin das noch alles führt, warum schreibe ich bloß aus Langeweile und Frust, anstatt wie früher, einfach kommentarlos zu löschen und zu blockieren?! Hilfe!]

Hassan, 17:49: Wedding

Hassan, 17:49: Sbahn Humbulhain [sic!]

Hassan, 17:50: Wann kannst du da sein?

Carina, 17:51: mein Freund kommt mit und passt auf

Hassan, 17:51: Nein. Möchte aber Sex mit dir haben

Carina, 17:52: dann nicht

Hassan, 17:52: Er möchte mit machen? Oder zu gucken?

Carina, 17:52: nur in der Nähe sein [oder sollte ich schreiben: mitmachen?]

Hassan, 17:53: Ok Kann ich mit dir alles machen?

Carina. 17:54: alles machen? was genau?

Hassan, 17:54: Möchte normale s,e,x

Hassan, 17:55: Deine freund ist deutsch?

Carina, 17:55: arabisch

Hassan, 17:55: Geferlich?

Carina, 17:55: normal [Darunter kann er sich alles vorstellen? Was ist in seinen Kreisen *normal*?]

Hassan, 17:55: Gib mir deine Nummer

Hassan, 17:56: Kann ich mit dir s,e,x?

Hassan, 17:58: ???

Hassan, 18:30: Kannst du nicht alleine kommen? [Hihi, hat er jetzt sogar ein bisschen Angst?]

Carina, 18:40: Nee, geht nicht, kenn´ mich nicht gut aus und zu meiner Sicherheit.

Hassan, 18:41: Brauchst du doch keine Sorge haben [klaro]

Hassan, 18:41: Bin wirklich sehr nette gute Mann [okidoki]

Carina, 19:00: Möchte ich aber nur so

Hassan, 19:01: Ja aber möchte auch s.e.x

Carina, 19:20: sorry, nein, gibt ja genug andere hier, die zweideutig inserieren mit freizügigen Bildern ;) viel Spaß

Hassan, 19:59: Sucht ihr auch paar? Dann aber ohne Geld [warum sollte es bei 100% mehr gebuchten Personen billiger werden?]

Carina, 20:02: soso, schön die Köpfe zusammenstecken und in die gleiche Kerbe hauen wollen

Hassan, 20:02: also ja? Können dich in die zange nehmen.

Carina, 20:03: nicht kostenlos, wer mitmischen will muss uns auch brav doppelt bezahlen :)

ALLES ROGER

Roger, 20:33: Hey evtl auch interease in die Erotik Richtung rein privat mit sofor Tiger Bezahlung

Carina, 20:35: was genau und wieviel?

Roger, 20:35: Kommt halt drauf an was ihr machen würdet bzw wie weit ihr gehen würdet. Euch zuschauen [noch ein Froschauge] oder halt zb mitmachen wenn ihr zugänglich seid alles mögliche

Carina, 20:37: wieviel für zuschauen

Roger, 20:37: 80

Roger, 20:49: ?

Carina, 20:50: anderer hat eben 250 geboten dafür

SPITZENREITER

Ramsi Hartmann, 20:30: Hi, was wollt ihr denn machen, unter wäsche oder treffen? Lg

Carina, 20:38: was ist das mit Unterwäsche?

Ramsi Hartmann, 20:38: Würdest du mir getragene Unterwäsche von dir verkaufen [Noch so ein Spitzenreiter]

Ramsi Hartmann, 20:46: Liest dein freund mit?

Carina, 20:47: Ja, wir suchen beide was! Kannst auch von ihm was getragenes haben…

Carina, 20:47: Für wieviel?

Ramsi Hartmann, 20:47: 20 pro slip

Carina, 20:48: 20€ kostet der Slip doch schon neu!

Ramsi Hartmann, 20:48: Dann 15 fürs tragen plus den beschaffungspreis

Ramsi Hartmann, 20:49: Könntet mir auch bilder oder videos verkaufen wie ihr f i c k e n tut

Carina, 20:55: müssen wir mal [nicht] überlegen, echt ungewöhnliches Angebot

Ramsi Hartmann, 20:55: Ok

FERNSEHER

Werner Klöten, 20:50: Guten Abend, suche ein junges Paar wo ich zusehen darf, Interesse?? Wohne D-str Gruß Werner [F*ckspion]

Carina, 20:55: nur zusehen?

Werner Klöten, 20:55: Ja nur spannen, und eventuell gehe ich mir dabei zur hand

Carina, 20:58: so einer biste hehe, willste etwa noch Hilfe bei der Handarbeit?

Werner Klöten, 20:59: Auch sehr gerne

Werner Klöten, 21:01: Wie seht ihr beide aus, ich bin ein alter fetter sack und mag junge mädels

Carina, 21:08: Das mögen alle!

Werner Klöten, 21:09: Siehste

Werner Klöten, 21:10: Und nun

Carina, 21:15: kommt alles auf € an [hmh]

Werner Klöten, 21:15: Denke so an 150 Tacken

Werner Klöten, 21:18: Und ihr

Werner Klöten, 21:21: Kein Interesse??

Carina, 21:25: brauchen echt para, daher für zugucken mindestens 300 [den Bogen beim Blickschieber überspannt?]

Werner Klöten, 21:26: Ok, mit in die titti reinschießen, schön deine euter wetzen

Werner Kloten, 21:26: wie seht ihr aus

Carina, 21:30: Alles nur mit Gummi und Maske [safety first und deshalb keine dubiosen Äppel-Polier-Coronatreffen]

Werner Klöten, 21:30: Nee! Nüscht für unjut [und weg war der Seemann.]

DU LÜMMEL

Giantcock, 17:17: Huhu hast du lust bei meinen poolpartys zu kellnern? :)

Carina, 17:20: wir sind zu zweit und suchen idealerweise was für uns beide [der Giantcock scheint mal ein lustiger Vogel zu sein]

Giantcock, 17:22: Ja geht doch auch :)

Carina, 17:24: was bedeutet dein Name?

Giantcock, 17:25: Das ich einen habe

Carina, 17:30: mein Freund auch nen mächtigen und der sucht auch einen Job

Giantcock, 17:33: Aber sicherlich nicht so eine dicke, große Nille ?!

Giantcock, 17:35: Ja den kriegen wir auch einen unter :)

Carina, 17:37: als was

Giantcock, 17:37: Was kann er den?

Carina, 17:38: Tourismuskaufmann

Giantcock, 17:42: Hmm ich find da was

Giantcock, 17:42: Hast den lust zu kellnern?

Carina, 17:44: joa

Giantcock, 17:44: Klingt ja nicht so begeistert

Giantcock, 17:45: Hast mehr Lust wenn ich dir sage das mein Rammler aus der Badehose raus schaut?

Carina, 17:47: hahaha, lass den Preller stecken...

Giantcock, 17:47: Mein das ernst :)

Giantcock, 17:50: Die Badehose ist zu kurz

Carina, 17:55: lol, glaub ich ned

Giantcock, 17:55: Willst die Banane mal schlaff in Hose sehen?

Giantcock, 17:58: ?

Giantcock, 18:05: Musst nur was sagen :)

Giantcock, 18:08: ?

Carina, 18:10: gibst ja eh keine ruhe [was ein Freak!]

Giantcock, 18:12: Naja hätt dich halt gerne als Bedienung bei mir und meinem Rachenputzer :)

Carina, 18:15: Ok

Giantcock, 18:15: [*halbes* Dickpic: die Gurkenumrisse zeichnen sich in einer babyblauen Vilebrequin Schildkrötenmuster-Luxusbadehose ab.]

Giantcock, 18:15: Tada

Carina, 18:20: ok damit mach ich nix

Giantcock, 18:21: Zu groß?

Carina, 18:22: ja, und Partys sind ja verboten grad

Giantcock, 18:23: Das stimmt aber das sieht keiner [was sieht keiner? Die Party oder den Giantcock?]

Carina, 18:24: ok, wieviele gäste

Giantcock, 18:24: Warum ist meine Flinte zu groß?

Carina, 18:25: zu groß ist zu groß, [Superbegründung, könnte in die Politik gehen] aber du suchst ja nur Kellnerin u keine Flötenspielerin...

Giantcock, 18:28: Das stimmt aber würd dir die Trompete auch mal gern zeigen live

Giantcock, 18:28: 6 [Sechs Gäste oder Sex?]

Carina, 18:30: ok, aber sorry wenn ich dann lache

Giantcock, 18:31: Warum lachen? :P

Carina, 18:35: Der Kolben sieht wahrscheinlich echt komisch aus

Giantcock, 18:36: Willst mal ohne Stoff sehen?

Giantcock, 18:40: Kein Problem :)

Giantcock, 18:50: Na?

Giantcock, 19:01: Na?

Carina, 19:02: ok

Giantcock, 19:02: Willst sehen?

Giantcock, 19:03: [Dildo hängt aus Hosenstall raus wie bei Comedy Street oder Circus Halligalli]

Carina, 19:09: netter Fakedödel ;)

Giantcock, 19:10: Is es nicht !

Carina, 19:15: Alles klar. Aber das brauch ich nicht mehr

Giantcock, 19:16: Was?

Carina, 19:25: so 1 Gerät

Giantcock, 19:26: Haha den Hemdspreizer will auch keine weil der viel zu groß ist

Giantcock, 19:27: Steif ist der Schwengel ja noch wuchtiger

Carina, 19:29: du armer Kerl, kannst dir ja wenigstens selbst 1 blasen

Giantcock, 19:30: Ne fehlt 1 cm

Giantcock, 19:33: Oder 5

BONUS: DREIFACHE LUST

Sören Ökölögö, 19:30: Heey Carina… wie alt biste? Lg

[Da ist ja wieder mal mein FKK-Freak aus der Phase 2-Körperbefreiungs-Episode. Sein erneutes Anschreiben auf eine meiner Standard-*Single*-Anzeigen passt hier thematisch als Bonus-Material in die Dreier-Phase 3]

Carina, 19:42: 18

Sören Ökölögö, 19:44: Ökay, na alter passt schonmal ;) Aber werd dir nicht wirklich mit nem Job helfen können, aber vllt trotzdem nen kleines Taschengeld geben, wenn du möchtest. Meine Freundin und ich suchen nämlich ein nettes Mädel das lust hätte sich mit uns zu treffen ;) Wir sind 24 und 25 :)

Carina, 20:02: Wie seht ihr aus? Habt ihr ein Foto?

Sören Ökölögö, 20:05: [zwei Fotos, mit jeweils einem attraktiven Mann (Ausnahme seine geschmacklose Frisur) und einer überaus gut aussehenden Frau, beide teuer gekleidet in einem BMW.]

Carina, 20:07: Ok, was wollt ihr machen?

Sören Ökölögö, 20:09: Zu was wärst alles bereit? Hast sich Bild von dir?

Carina, 20:40: bin glaub ich nicht so für 3er zu haben, brauch keine Busenfreundin und will eher nicht ein anderes Pfläumchen. Überhaupt. Mit deiner am selben Strick ziehen, nee [bin dafür zu einfältig ;)]

Sören Ökölögö, 21:17: Weißt du oder denkst du? Keine Sorge, kann sehr gut zwei Fliegen mit einer Klappe schlagen.

Carina, 21:30: muss mich an den neuen Gedanken gewöhnen... [An ein Buch mit zwei Spalten gewöhne ich mich bis heute nicht.]

ZUGABE ZWEI: ZUGÄNGLICHKEIT

[Hier habe ich mich ausnahmsweise auf eine Babysitter-

Stellenanzeige in meinem Postleitzahlen-Bereich gemeldet. Ein Fehler?!]

Carina, 23:30: Guten Abend, habe Interesse an Ihrem Stellenangebot als Babysitterin und habe bereits etwas Erfahrung in dem Bereich. Wenn das Angebot noch aktuell ist und Interesse besteht, würde ich mich über eine Antwort freuen und mich gerne über die offene Fragen und die Details unterhalten. Viele Grüße

Roland, 09:01: Hi wie alt und woher ? W ? [Na, bei der W-Frage muss das ja höchst seriös sein.]

Carina: 10:30: W? weiblich, ja. 18 Jahre alt. Bin auch von hier. Um was geht es denn genau?

Roland, 10:50: Also du solltest auf unsere 2 Kinder aufpassen das wir Eltern auch mal ausgehen könenn und natürlich solltest du bereit für uns sein wenn du meinst was ich meine

Carina, 11:55: Ja, klar, kein Problem, ich hätte aktuell viel Zeit. Wie viele Kinder und wie alt?

Roland, 12:20: Kids sind 8 und 3 jahre! Bist du single ? ?

Roland, 12:21: Solltest immer auf Abruf sein und Wochende zusätzlich

Carina, 12:22: Hm, 8 und 3, ja, gut. Habe bis jetzt kleine Kinder bis 9 Jahre betreut. Warum ist Single wichtig?

Roland, 12:34: Nur eine Frage Bist du deutsche?

Carina, 12:35: ja [mehr oder weniger]

Roland, 12:36: Hast du ein bild?

Carina, 12:45: Wofür?

Roland, 12:48: Das wir wissen wie du aussiehst

Roland, 12:49: Sage ja Kinder aufpassen und mehr

Carina, 12:49: ah hab mit "mehr" nicht gelesen. was meinst du damit?

Roland, 12:51: Wir wollen 3er [Also wieder mal ein Angebot auf Brötchenknabbern.]

Carina, 13:07: Wie seht ihr denn aus? [Als ob ich Lust auf Zweifelderwirtschaft hätte... Nur, wie sehen solche Leute aus? Wahrscheinlich wie *du* und ich.]

Roland, 13:11: Bild von dir dann gibt's bild von uns hättest du intresse ?

Carina, 13:13: Wieviel zahlt ihr?

Roland, 13:14: Für sex nicht. nur Kinder aufpassen

Roland, 13:19: Intresse?

Carina, 13:20: Leider nicht, bin auch immer treu und charakterfest. Bei mir ist Einmann-Betrieb.

Roland, 13:51: Wir viel möchtest du

Roland, 13:56: Lass mal die lahme Treue weg niemand ist keusch alle haben Lust und wollen lotterleben und wenn es um Kohle geht sowieso das doppelspiel bleibt ja unter uns

Carina, 13:59: Es gibt schon auch noch treue Frauen! Und so ist es ja wohl nicht, dass alle ständig aus dem Stegreif Lust hätten...

Carina, 14:01: ...da muss schon viel passen

Roland, 14:14: Ja kann schon sein gibt auch treue Männer so ist das nicht spielt ja auch keine rolle

Roland, 14:25: Haste intresse ?

Roland, 14:44: Haste bild ?

Roland, 14:59: Haste bild ?

PHASE 4

Meine Reaktion: *Agent provocateur*

Zum Schein darauf eingehen. Bis es mir zu viel wird. Wie weit wird er kommen?

TUGENDHAFT

Explorer, 22:20: Hey Carina. Ich würde gerne mal einen schönen Abend mit dir verbringen wollen. Sehr gute Bezahlung bis zu 200 in bar nach erfolgtem Job. LG [also nur, wenn ich erfolgreich war?!]

Carina, 22:22: Wenn überhaupt, dann vorher die Knete und viel, viel mehr!

Explorer, 22:22: Hättest du mal einige Fotos von dir?

Carina, 22:22: habe ich

Explorer, 22:23: Dann schick sie mir mal bitte.

Carina, 22:25: Ja, klar

Explorer, 22:25: Ich warte!!!

Explorer, 22:29: Ok, bye.

Carina, 22:30: Geduld ist eine Tugend. Wollte dir gerade schöne Vorlagen vom Strandurlaub im Sommer raus suchen. Egal.

DAS VORHABEN

Hypochonder, 02:23: Hi kaufe ihre Unter Wäsche (Strings Pantys Baumwolle) Kaufe fast alles, und verrate ihnen ausser dem was ich damit vorhabe.... Wenn sie wollen, melden sie sich. Lg

Carina, 11:55: Für wieviel? [Das interessiert mich: Wie viel bietet er mir für's Entsorgen.]

Hypochonder, 12:05: 5 bis 15 euro [Gut, dass der Schneekönig nicht gesagt hat, was er mit den ollen Fetzen vorhat!]

BEHUTSAME BELEHRUNG

Vanessa, 17:20: Hallo würden sie auch bei meinem Vater in Pankow helfen und putzen usw? LG Vanessa

Carina, 17:25: Ja, was genau und wann und wo? LG Carina

Vanessa, 17:35: Hallo erstmal meine Vater bezahlt ihnen auch das Fahrgeld und Essen und Getränke gibt es auch noch kostenlos dazu [All inclusive?]

Vanessa, 17:38: Sortieren fotografieren und putzen usw [das *usw* macht mir Angst.]

Carina, 17:39: Fotografieren?

Vanessa, 17:39: Mein Vater sagt Ihnen schon was sie machen sollen und was er will [Echt creepy! Scary! Schreibt da der Vater selbst? Dann könnte er ja mit der

Sprache raus rücken.]

Vanessa, 17:41: Können Sie morgen Früh?

Vanessa, 17:44: Ach so gleich in der Nähe vom Rathaus müssen Sie dann morgen früh hin kommen

Vanessa, 17:46: In welcher Straße wohnen Sie den? [Die Straße des Vaters ist streng geheim, aber meine soll ich ausplaudern?]

Vanessa, 17:49: Und mein Vater wird sie täglich bezahlen [Also doch die Tochter am Texten?]

Vanessa, 17:53: Da sie ja noch sehr jung sind. Ist meine Frage ob sie denn auch sehr zuverlässig pünktlich usw auch sind? [Warum schreiben Sie denn nicht direkt eine "ältere, erfahrene Dame" an?]

Vanessa, 17:53: Schicken Sie mir bitte mal ein Foto von ihnen mit

Carina, 17:54: Würde lieber selbst sehen, auf was ich mich einlassen soll!

Vanessa, 17:55: Das was sie in ihrer Anzeige anbieten usw haben sie auch schon mal gemacht?

Vanessa, 17:58: Das können Sie ja auch morgen früh. Mein Vater erklärt und zeigt Ihnen auch alles was sie machen sollen und was er will und von ihnen erwartet

Vanessa, 18:02: Schicken Sie mir bitte ein Foto von ihnen mit und in welcher Straße sie wohnen

Carina, 18:03: ich soll doch zu ihnen kommen und nicht sie zu mir?!

Vanessa, 18:06: Ja sie sollen morgen früh zu meinem Vater kommen

Vanessa, 18:08: Muss aber auch wissen in welcher Straße sie genau wohnen. Muß ja auch sehen wie sie fahren müssen usw

Carina, 18:08: Müssen sie nicht. Ich kümmere mich selbst um meine Anfahrt. Ich komme sehr gut zurecht.

Vanessa, 18:09: Und schicken Sie mir bitte ein Foto von ihnen mit

Carina, 18:10: Sie sehen mich doch schon morgen früh in voller Lebensgröße. [habe ich nicht vor; mal sehen wohin das hier noch führt.]

Vanessa, 18:12: Doch muss ich schon für den Vertrag usw. In welcher Straße wohnen Sie?

Carina, 18:15: Den Vertrag können wir morgen persönlich machen. Das macht keinen Sinn, den jetzt schon voreilig aufzusetzen. Ich will mir erst mal in Ruhe die Arbeit und die Umstände ansehen.

Vanessa, 18:18: Sie geben mir noch nicht mal ihre Straße ist das denn seriöse?

Vanessa, 18:19: Ja aber möchten heute gleich schon mal sehen und meine Vater muss ich ja auch zeigen ihre Foto

Carina 18:21: Sorry, die paar Stunden heute Abend wird er noch ohne Bild aushalten müssen.

Vanessa, 18:23: Ja gut die Straße usw können Sie morgen früh mit meinem Vater dann persönlich machen

Vanessa, 18:24: Aber ein Foto brauche ich schon von ihnen das ich es meinem Vater auch zeigen kann

Carina, 18:25: Ich versende keine Bilder an Fremde im Internet. [Immer. Noch. Nicht.]

Vanessa, 18:26: Ich will sie ja auch jetzt schon mal sehen und muss mein Vater auch noch ihr Foto dann zeigen

Vanessa, 18:30: Dafür gebe ich Ihnen dann auch meine private E-Mail-Adresse dorthin können Sie ihre Fotos dann schicken

Vanessa, 18:45: Ist das denn noch seriös wenn man arbeiten machen soll [Sie oder ich?!] und man bekommt noch nicht mal die Straße und Nachname und auch kein Foto von ihnen. Das finde ich unseriös. [Na, das finde ich auch unseriös! Aber Hallo!]

Carina, 18:50: Okay dann schreiben Sie mir bitte mal den vollen Namen und die Adresse von Ihrem Vater, und senden Sie mir ein Bild von ihm, dann reden wir gerne weiter.

Vanessa, 18:55: So welche haben wir schon mal zu hauf gehabt. Die brauchen nur eine Adresse usw für das Amt und komme nicht mal zur Arbeit und melde sich auch nicht mehr. Da das Amt immer von uns beiden Bescheid bekommen wird welche Sie sich beworben hat und nicht gekommen ist der wurden immer das Geld gleich vom Amt gekürzt

Carina, 19:00: Was denn für ein Amt? Ich studiere. [Jura] Außerdem haben Sie doch mich angeschrieben. Ich habe mich überhaupt nicht bei Ihnen beworben! [lol]

Vanessa, 19:02: Erst mal bitte schön von ihnen den sie wollen ja Arbeiten und nicht wir. Und seit wann fragt man seinen Arbeitgeber nach Fotos es ist unglaublich es hat anders rund zu sein.

Carina, 19:09: Ich habe genug seriöse Angebote [Leider nicht]. Schreiben Sie mir bitte nicht mehr! Danke!

Vanessa, 19:10: Vollständigkeit Der Bewerbung mit Name und Anschrift und Telefonnummer und Ansprechpartner und Fotos von ihnen wäre richtig [Sie hat sich doch bei mir mit Ihrem Angebot "beworben".]

Vanessa, 19:17: Trotzdem müssen wir es beim Amt melden. [Richtig so, da wird dem querulatorischen Gemüt genüge getan.] Schon mal was von verboten ner schwarz arbeiten gehört [also doch kein Vertrag mit Straßenangabe] es spielt keine Rolle ob Schule oder Uni oder was auch immer

Vanessa, 19:30: Sie kommen mir sehr unseriös vor [hahaha] daher hat es auch kein Sinn sich die Zeit und Mühe morgen früh zu machen auf sie zu warten [Zeit und Mühe? Morgen früh warten? Ich weiß doch noch nicht mal, wo ich hinkommen soll? Sie wollten meine Adresse, ohne Ihre zu nennen, obwohl die Arbeitsstelle bei Ihnen und nicht bei mir ist... Sachen gibt's. Echt verstörend.]

ANGEHALTEN

Flo, 13:03: Hallo, würde dir für ein date etwas geben, Interesse ? Liebe Grüße Florian

Carina, 13:05: Wieviel?

Flo, 13:06: Fuffi für nen quicky

Flo, 13:06: In meinem Auto wenn du magst?

Carina, 13:08: LOL, bin keine Anhalterin...

Flo, 13:08: Sorry ;)

Carina, 13:09: Klar, hätte ich jetzt auch gesagt.

Flo, 13:09: An so was in der art kein Interesse?

Carina. 13:10: Muss mal ne Runde nachdenken. [Mal sehen, ob er sein dürftiges Angebot nachbessert.]

Flo, 13:10: Ok, wie schaust denn aus ?

Carina, 13:12: Zeig´ du dich mal zuerst.

Flo, 13:16: [Bild von ihm, sehr attraktiver Student, Typ

blonder Surfer, um die 20 Jahre alt.]

Flo, 13:38: So schlimm?

Flo, 16:29: Warum sagst du denn nichts mehr?

[Hatte echt keine Zeit.]

BEDAUERLICH

[Sein nächster Versuch auf meine nächste Anzeige. Probiert er es pausenlos bei allen?]

Flo, 21:59: Hallo, darf man dir nur etwas seriöses anbieten? Lg Florian

Carina, 22:00: Was hast du? [Ich weiß ja schon, was er will ;)]

Flo, 22:10: Würde dir für ein date etwas geben

Carina, 22:11: Suche einen richtigen Job. Sorry, trotzdem lieb von dir [klar, "lieb" von ihm, mir Geld zu bieten, und er ist ja auch sehr hübsch, wenn das Foto kein Fake ist.]

Flo, 22:22: Ok aber denke du brauchst dringend etwas cash? Und schneller und leichter kannst du dir doch nichts verdienen

Carina, 22:27: wie viel den [mittlerweile hab ich Spaß daran: den und denn zu vertauschen, fast besser als „seid / seit"]

Flo, 22:34: Na darf ich vorweg mal ein Foto von dir sehen, finde danach kann man das eher sagen

Carina, 22:36: Soso, nach dem Aussehen bezahlen?! Das ist voll die Diskriminierung! Bin doch kein Sex-Objekt. Und ohne Bild von dir weiß ich nicht, ob ich überhaupt Lust hätte... so wird das nix.

Flo, 22:40: Naja man muss doch wissen wenn man bezahlt ob es passt, dass ist doch nicht böse gemeint

Flo, 22:40: [Sendet ein ähnliches, gleich attraktives und scheinbar echtes Foto.]

Flo, 22:40: Das bin ich

Carina, 22:44: Hübsch, warum willst du dann eigentlich dafür bezahlen? Du kannst doch auch so im echten Leben fast jede haben?!

Carina, 22:51: Hast du denn keine Freundin?

Flo, 23:01: Dankeschön, nein habe niemanden sonst würde ich dir ja nicht schreiben :(

Flo, 23:05: Darf ich bitte auch mal sehen wie du ausschaust, bitte

Flo, 10:07: ?

Carina, 12:15: Hey Flo, glaube nicht, dass du was von mir wolltest... Du solltest nicht diesen Weg hier gehen, dir stehen ganz andere Möglichkeiten offen... Kenne mich gut mit Frauen/Männern/Beziehungen usw. aus. Kann dir sehr gerne Tipps geben, wenn du magst? Wünsche dir auf jeden Fall alles Liebe und Gute! Carina

[Habe ihm meine private Mail gesendet, auf die er sich direkt gemeldet hat. Leider war er für echte weiterführende Tipps nicht offen, sondern wollte sich von der fixen Idee, des Bezahlens und der schnellen Nummer nicht abbringen lassen. Manche Menschen wollen anscheinend lieber ständig die umgehende und sofortige, schnelle Triebbefriedigung, ohne einmal etwas Zeit, Geduld, Mühe und *Arbeit* zu investieren. Wie viel reifer wäre kurzfristiger Belohnungsaufschub, für langfristigen Erfolg, wenn Flo z.B. mit dem passenden know how (vermittelt durch meine barm- und großherzige Hilfe) in der komfortablen Lage wäre, selbst jederzeit erfolgreich auf die *Jagd* gehen zu können, anstatt für schnelle Kicks und F*cks immer bezahlen zu müssen.]

SONDERWUNSCHVORSTELLUNG

Gecko, 23:48: Hi ab wann könntest du denn anfangen?

Carina, 23:48: Sofort [Allzeit bereit und willig.]

Gecko, 23:49: Perfekt

Gecko, 23:49: Interesse?

Carina, 23:50: Ja

Gecko, 23:50: Super. Was für Unterwäsche trägst du bei der Arbeit?

Gecko, 23:51: Ziehst du dann einen Mini Rock beim Putzen an?

Carina, 23:53: Nur eine normale Jeans [und normale Wäsche.]

Gecko, 23:53: Hört sich gut an

Gecko, 23:53: Trägst du keine string?

Carina, 23:54: Nee, im Alltag zu unbequem. Vielleicht mal für 5 min...

Gecko, 23:55: Aso

Gecko, 23:55: Ok, falls du welche hast und verkaufen möchtest gerne

Carina, 23:55: Was magst du so?

Gecko, 23:55: Panties und string

Gecko, 23:55: Oder auch bh

Carina, 23:56: könnte dir alle Sorten anbieten, BH nicht.

Gecko, 23:57: Dann habe ich Interesse

Gecko, 23:57: Was hasz du den da?

Carina, 23:57: kann morgen im Hellen bei besserem Licht mal Bilder machen

Carina, 23:58: Willst du neue oder frisch gewaschene?

Gecko, 23:58: Gerne gebraucht

Carina, 23:58: ok ;)

Gecko, 23:58: Könntest auch jetzt, vllt wird man sich da einig

Carina, 23:59: bin unterwegs bei meinem Freund...

Gecko, 23:59: Aso

Gecko, 23:59: Dann gerne morgen

Gecko, 23:59: Was hast du denn gerade an?

Carina, 23:59: Gar keinen ;)

Gecko, 00:00 Den nehm ich auch :P

Carina, 00:00: haha

Gecko, 00:00: ;)

Carina, 00:01: gute Nackt

Gecko, 00:01: Danke gleichfalls

Gecko, 00:01: Oh Wortspiel ?

FAMILYGUY

Christopher, 00:05: Hallo was kannst du ?

Carina, 00:06: Lies!

Christopher, 00:08: Ok. Putzen würdest nickt

Carina, 00:10: vielleicht [und nicke dabei.]

Christopher, 00:12: Privat Haushalt ? Großes Haus ?

Christopher, 00:13: Ein kleines Kind und ich der Papa. Alleinerziehend

Carina, 00:16: Wieviel Arbeit?

Christopher, 00:17: Das kannst du entscheiden. Je nach dem wie viel Zeit du hier verbringen und arbeiten möchtest

Carina, 00:18: Oke

Christopher, 00:19: An wie viel € dachtest du denn so, liebe Carina

Carina, 00:20: 8,50

Christopher, 00:20: Du bist aber günstig Carina ;)

Christopher, 00:20: Und wie viele Stunden willst du

Carina, 00:21: hm, so 4-5

Christopher, 00:21: Die Woche ?

Christopher, 00:30: Also 5 std die Woche ?

Carina, 00:33: ja

Carina, 00:33: also Fenster, Küche, Bad, Möbel, Böden, Staubwischen und Staubsaugen?

Christopher, 00:34: Wie du willst. Wäsche ?

Carina, 00:35: Auch

Carina, 00:35: Bügeln kann ich nicht

Christopher, 00:35: Ok. Brauchst ja nicht.

Christopher, 00:36: Garten Arbeit Evt

Carina, 00:37: Garten nicht sorry, nur alles im Haus

Christopher, 00:38: Ok Kein Problem.

Christopher, 00:38: Alles außer bügeln ? ;)

Carina, 00:38: ja, alles außer das

Christopher, 00:39: Ok. Gut. Und kannst du ordentlich putzen Carina

Carina, 00:39: ja, mach ich immer!

Christopher, 00:40: Sehr schön.

Carina, 00:41: Es waren immer alle froh mit mir.

Christopher, 00:41: Also machst du uns auch froh

Christopher, 00:49: Ich bin zwar alleinerziehender Papa aber ich suche nix. Ich lass mich da immer lieber überraschen

Carina, 00:49: Überraschen?

Christopher, 00:50: Naja ich suche nix. Wenn aber was passiert oder kommt bin ich da offen für.

Christopher, 00:57: Weißt was ich meine

Carina, 01:01: ok

Carina, 01:03: wie lange bist du allein? Sorry, für die Frage

Christopher, 01:04: Du darfst fragen was du möchtest liebe Carina. Ich bin ein sehr sehr offener Mensch. Habe keinerlei Geheimnisse.

Christopher, 01:05: Bin seit 3 Jahren alleine. Meine Tochter ist 4 bald

Carina, 01:06: Das ist lange, oke.

Christopher, 01:07: Ja naja. Hätte ja immer mal eine Frau mit nach Hause genommen. ;)

Carina, 01:10: Ok, aber die haben nicht geputzt?

Christopher, 01:12: Die haben was anderes geputzt ;) ;)

Christopher, 01:13: Sorry.

Christopher, 01:15: [Foto von einem wirklich mehr als hässlichen Kind]

Carina, 01:18: so süß

Carina, 01:19: die kleine

Carina, 01:19: wie alt bist du?

Christopher, 01:20: Ich bin 39 Jahre. Also liebe Carina. Wie gesagt wenn du was fragen willst frag mich einfach. Bin ein total offener Mensch. Ubd du darfst oder sollst ja wissen bei wem du im Haushalt helfen würdest und mit wem du es da so zu tun hast

Carina, 01:22: Ah, dachte erst du bist ein Mann im biblischen Alter, aber so ist es ja dann doch eher locker?!

Christopher, 01:23: Hey. Bin junger knackiger Mann im besten Alter. ;) ;)

Carina, 01:24: Ja, dachte du bist altersschwache 50 ;)

Christopher, 01:25: ! nein. Bin ein junger knackiger Papa. Meine kleine passt schon auf dass ich top fit und gut in Form bleibe

Carina, 01:25: So, leg mich mal hin.

Christopher, 01:27: Oh nein Carina.

Christopher, 01:27: Wo wir jetzt grad so nett schreiben [du vor allem. Meine Antworten waren ja eher einsilbig.]

Carina, 01:30: Haha, bin aber voll müde!

Carina, 01:30: Gute Nackt!

Christopher, 01:31: Schade Carina. Fand es sehr schön Gerad mit dir!!

Christopher, 01:38: Hätte gerne noch mehr erfahren und dir auch mehr verraten

Christopher, 01:55: Schade.

Christopher, 02:15: Gute Nacht liebe Carina

Christopher, 05:03: Gute nackt hast du geschrieben. ;)

Carina, 07:30: Guten Morgen, Sorry, vertippt. Hahaha [Und an diesem Morgen war der Christopher gar nicht mehr geschwätzig, sondern einfach von der Tastatur verschwunden...]

LORD JAGUAR

Ahmad, 18:05: Würde dir 50€ geben wenn du mit mir 30min rumkurvst, fahre einen Jaguar und sehe sehr gut aus?

Carina, 18:06: Und was noch? Nur fahren?

Ahmad, 18:06: Ja, sonst nichts? vielleicht verstehen wir uns ja gut.

Carina, 18:07: Zeig mir mal ein Bild von dir und deinem Jag

Ahmad, 18:07: [unscharfes Foto von einem Südländer im weißen Jaguar XE]

Ahmad, 18:07: Schickst du mir auch eins von dir?

Ahmad, 18:09: Wie alt bist du?

Carina, 18:12: 18

Ahmad, 18:13: Wann hast du Zeit?

Carina, 18:15: Wann du Lust hast. Melde mich, will unbedingt mal Jaguar fahren! [da freut er sich sicher]

Ahmad, 18:18: Gerne?, kannst mir auch per whatsapp schreiben wenn du magst 017158…

Ahmad, 20:21: Sehen wir uns am Wochenende?

Carina, 20:28: Vielleicht [wenn er den Kudamm mit seinem Altherrenbeschleuniger rauf und runter cruist…]

Ahmad, 20:39: Schick mir mal bitte ein Bild wo ich dich so richtig sehen kann?

LORD JAGUAR ZUM ZWOTEN

[Auf mein frisches Gesuch]

Ahmad, 21:45: Würde dir 50€ geben wenn du mit mir 30min rumkurvst, fahre einen Jaguar und sehe sehr gut aus. ?

Ahmad, 21:45: [Die selben vier Fotos: zwei mal der Südländer unscharf im halbdunklen am Steuer des Jaguar. Und zweimal nur das Auto. Diesmal hat er ganz effektiv – ohne eine Antwort abzuwarten - prophylaktisch sicherheitshalber die erwünschten Bilder mitgesendet.]

Ahmad, 21:48: Sendest du mir ein Bild von dir?

Carina, 22:00: Hahaha, das ist ja eine Leasing-Diesel-Limousine... [konnte ja inzwischen recherchieren, dass es das Basismodell der Marke in schlichtem Uni-Weiß mit kleinem Diesel ist: also wahrscheinlich Mietwagen oder Firmenleasing?]

Ahmad, 22:02: Das hört sich ja schrecklich schlimm an?

Carina, 22:08: Isses doch am Ende auch?! Selbst wenn Jaguar drauf steht.

Ahmad, 22:08: Was wäre denn gut?

Carina, 22:10: Porsche! [Golddigger-Mode on, schreckt ihn das ab? Eher nicht...]

Ahmad, 22:12: Kommt nur ein Porsche für mich in Frage und der sieht meinem sehr ähnlich außer von vorne. Muss für mich en 4türer sein und trotzdem sportlich aussehen.

Ahmad, 22:15: Den Panamera meine ich.

Carina, 22:15: Im 911 würde ich sogar für 50 mitfahren, aber mit so einem Eimer musste mehr hinlegen.

Ahmad, 22:19: Der 911 sicht zwar hübsch aus, bekomm aber komplexe wenn man dinn sitzt und ein größerer Wagen neben dir steht?

Carina, 22:24: Brauchste fettes Auto, um ne Kleinigkeit zu kompensieren?

Ahmad, 22:26: Nein die kleinen Sportler sind einfach komisch wenn man sitzt. Wie Kackhobel. Die SUV sind aber zu übertrieben groß.

Ahmad, 22:27: Wieviel willst du denn? ;)

Ahmad, 22:28: Kann ja einen 911 mieten wenn so unbedingt in einem fahren willst?

Carina, 22:33: Ist das denn was seriöses? [Haha] Nur rumfahren oder hast du anderes im Sinn?

Ahmad, 22:34: Was meinst? Warum das im Auto? Ist immer extrem unbequem. Lieber rumfahren und unterhalten...

Ahmad, 22:38: Sonst hätte ich dir bestimmt nicht nur nen fuffi angeboten?

GUTMENSCH CHARLY

Charly, 22:01: Guten Abend, Hast du Interesse an Reinigung im privaten Haushalt ? LG

Carina, 22:03: Ok [Mehr ist als Antwort nicht nötig: denn es fehlen ja wesentliche Angaben in der Nachricht: wer/wie/wann/wo/wieviel €... und dass ich Interesse an Reinigung im privaten Haushalt habe geht ja aus genau dieser Anzeige hervor...]

Charly, 22:04: Bist du pünktlich und auch zuverlässig?

Carina, 22:05: ja [das nächste Mal schreibe ich mal *Nein.*]

Charly, 22:05: Was möchtest du verdienen?

Carina, 22:06: Wie viel gibst du?

Charly, 22:07: Ich habe zuerst gefragt...

Carina, 22:07: 8€ [extra zu niedrig angesetzt, mal sehen, wie die Reaktion ist. Seriös ist das Ganze eh nicht.]

Charly, 22:08: Ist doch sehr vernünftig

Carina, 22:10: ja

Charly, 22:10: Ich möchte dir einen guten Rat geben [Aha!]

Charly, 22:12: Hier auf diesen Portal gibt es viele merkwürdige Leute und ich würde hier keine Such-Annonce schreiben

Charly, 22:15: Einfach ein Tip von mir

Carina, 22:18: Warum? Klär mich auf.

Charly, 22:19: Erzähl ich dir, wenn wir uns treffen [billiger Hypnotalk]

Carina, 22:23: bist du etwa einer von diesen Merkwürdigen? [Jawoll!]

Charly, 22:25: Ich verkaufe hier viel und habe mich mit verschiedenen Leuten unterhalten die haben mir ne Menge erzählt

Charly, 22:33: Deshalb sage ich es dir

Charly, 22:36: Macht wenig Sinn

Charly, 22:39: Ich suche jemanden der mir im Haushalt

[Haushalt wieder = Sex?!] und bei anderen Sachen hilft

Charly, 22:44: Bin viel unterwegs und mir fehlt die Zeit

für den Haushalt [Alleinunterhalter?!]

Charly, 22:48: Ich habe alle zwei Wochen meine 11 jährige

Tochter bei mir und da möchte ich es ordentlich

[Vertrauensbildende Maßnahme: Kind ins Spiel

bringen.]

Charly, 22:55: Ich wohne in Kleinmachnow und denke es

passt [Suggestive Annahme.]

Carina, 23:03: Verstehe

Charly, 23:05: Ich wollte dich nur warnen, wenn du

morgen dein Mailfach aufmachst, wird es voll sein mit

Kerlen, die dich blöd anschreiben

Carina, 23:09: bis jetzt nichts davon, aber danke [glatte

Lüge, es waren wieder mal mindestens 30]

Charly, 23:10: Warte auf morgen, können wir gerne

wetten..

Carina, 23:15: Ok, ist mir egal [ist es nicht. Was will er mir

sagen, worauf will der gute Beschützer hinaus?]

Charly, 23:16: Hab einige Frauen als Freundinnen und

was die mir gezeigt haben an perversem Schweine Kram

Charly, 23:20: Wann möchtest du anfangen..? [...mit dem

Schweinkram?]

Charly, 23:22: Meine Wohnung hat 2 1/2 Räume

Charly, 23:25: An wieviel Stunden hattest du gedacht?

Carina, 23:30: Wieviel qm?

Charly, 23:30: Gute Frage

Charly, 23:30: Ich denke so 60

Carina, 23:35: Ok, und was ist alles zu machen?

Charly, 23:35: Aber das halbe Zimmer ist voll gestellt

Charly, 23:35: Was du dir zutraust

Carina, 23:37: Also Fenster putzen, Möbel abstauben, Staub saugen zB ?

Charly, 23:37: Ja

Charly, 23:37: Kein bügeln oder sowas [ist das der selbe, dem ich gesagt hab, dass ich nicht bügeln will?! Der hatte doch eine viel jüngere Tochter?! Kleinanzeigen-Verfolgungswahn-Paranoia]

Carina, 23:38: müsste ich lernen

Charly, 23:39: Frauen sind meiner Meinung nach ordentlicher

Charly, 23:45: Ich hatte in der Vergangenheit schon öfters jemand der sauber macht und gut zur Hand gegangen ist

Charly, 23:55: Die junge Frau die es zuletzt bei mir gemacht hat musste leider aufhören weil sie ist geschwängert worden von ihrem Freund [nicht von Charly] und aus verständlichen Gründen nicht mehr bei mir arbeiten möchte

Charly, 23:58: Es ist ordentlich bei mir aber da fehlt der Feinschliff

Charly, 23:59: Würde mich sehr freuen, wenn es klappt

Carina, 00:07: Ok

Charly, 00:07: Hast du WhatsApp?

Charly, 00:08: Oder Telegramm?

Carina, 00:10: nein

Charly, 00:10: Beides nicht?

Charly, 00:10: Hast du flat? [Wie lange willst du mich denn vollquatschen? Bis zur Willenlosigkeit?]

Charly, 00:15: ?

Charly, 00:18: Wenn du willst gebe ich dir meine Nummer

Charly, 00:22: Dann melde dich, sobald du Zeit hast

Carina, 00:30: Ok [mal wieder was schreiben, dass er bei Laune bleibt und weiter textet ;)]

Charly, 00:30: Oder ich rufe dich zurück falls du kein Guthaben hast

Charly, 00:30: 016322...

Charly, 00:30: Charly

Charly, 00:31: Ist mein Name

Carina, 00:40: Danke. gute Nacht.

Charly, 00:40: Einen erholsamen Nacht, träum schön und

bis bald

Charly, 00:44: Ich muss noch einiges vorbereiten für die Arbeit... Eine Stunde brauche ich noch, dann reicht es für heute [Mir reicht es auch für heute.]

Charly, 00:49: Wenn du so gut sauber machst wie du nett bist dann glänzt es demnächst bei mir..

Carina, 00:55: Das bekomm ich hin

Charly, 00:55: Melde dich einfach wenn du starten willst, ich bin zeitlich flexibel und kann dich auch abholen damit du nicht mit der Bahn fahren musst [Also kann die Entführung direkt bei mir an der Haustüre starten.]

Charly, 10:07: Und habe ich Recht gehabt ? [die meisten Mails waren ja von dir]

Carina, 12:01: ja, das Geld liegt auf der Straße, könnte viel mehr verdienen, hihi.

Charly, 12:12: Naja

Charly, 12:13: Alles nur gequatsche oder du willst dich Prostituieren.. Aber denke den Fleischhandel willst du eher nicht?!

Charly, 12:45: Ich suche jemanden zum putzen und das mir etwas Druck abgenommen wird

Charly, 12:59: Da mir allein bisschen der Drive fehlt für Hausarbeit

Carina, 13:37: Also, ich habe nix unseriöses vor, war nur

lustig zu lesen ;)

Charly, 13:37: Wie gesagt manchmal peinlich was "Männer" veranstalten

Carina, 13:40: Will nicht wissen, was los gewesen wäre mit einem *anständigen* Bild von mir... Die armen Kerle: hier im Internet den Helden spielen und im echten Leben, naja...

Charly, 13:40: Schwanzgesteuerte Affen

Charly, 14:05: Schönes Wetter heute werd mal bisschen Sonne tanken

Carina, 14:10: Arbeitest du nichts?

Charly, 14:10: Ich habe einen Autohandel [hoffentlich nicht für Jaguar, auch wenn er dann passable Provider-Qualitäten für ein entsprechend gepoltes Weibchen hätte ;)]

Charly, 14:14: Aber ich hab da ein Projekt was ich in der Zukunft machen möchte das ist, Intensivpflege [Oh, und so sozial] von schwerst kranke. [Von der Sorte sind hier auch ein paar unterwegs.] Aber das dauert noch ein bischen da ich es mit andern Partnern aufbauen muss da sehr viel Geld investiert werden muss am Anfang [echter Businessman mit vernachlässigbarer Rechtschreibschwäche]

Charly, 14:20: Kann auch sein daß es ein Jahr dauert

Charly, 14:40: Und was willst du in Zukunft machen?

Charly, 19:30: ???

Charly, 21:58: Wolltest du dich nicht melden... [Nee, war mir zu viel Schwafelei und ein zu ungutes Gefühl.]

LAUCH VS. HUMMER

Philipp Immel, 22:39: Hallo Carina, eventuell auch Interesse an Treffen? Lg

Philipp Immel, 22:41: Barzahlung natürlich

Carina, 22:44: Für was? Und wieviel?

Philipp Immel, 22:45: Für ne schöne Stunde, hatte an hundertzwanzig gedacht

Carina, 22:50: zu wenig, sorry!

Philipp Immel, 22:50: Wieviel dachtest du?

Carina, 22:52: zeig mal bild

Philipp Immel, 22:53: [Schmächtiges altes Männlein mit zu tiefen Knien vor einem, im Wald geparkten mattschwarzen Hummer-Geländewagen]

Carina, 22:57: Macho

Philipp Immel, 22:57: Nicht wirklich ;)

Philipp Immel, 23:07: ???

Carina, 23:33: sorry war eingenickt, gute Nacht

Philipp Immel, 23:33: Kein Problem :)

Philipp Immel, 13:37: Hallo

Carina, 13:39: Das ist nicht dein Auto?!

Philipp Immel, 13:40: Ne, der schluckt zuviel

Carina, 13:41: Schade, wäre gern mitgefahren [Golddigger-Mode on]

Philipp Immel, 13:43: Schade, vielleicht sollte ich mal so einen mieten

Philipp Immel, 13:45: Entweder richtig oder gar nicht, Miete ist Fake!

Philipp Immel, 13:47: Stimmt auch wieder

Philipp Immel, 13:47: Hast mir die frage mit dem Preis noch nicht beantwortet

Carina, 13:50: 500 [gibst du dann Ruhe?]

Philipp Immel, 13:51: Ok, ich denk drüber nach [also *nein*]

Philipp Immel, 13:52: Bild? [aber schnell noch ein Foto als Trophäe abgreifen wollen]

SENIORENHILFE

Detlef, 22:38: Mein 2. Versuch [es gab keinen Erst-Versuch?!] Hallo Carina, es ist für mich immer etwas schwierig, genau zu erkennen, was wirklich hinter einer Job/Nebenjob/Minijob-Anzeige steckt… [Lesen und verstehen könnte helfen] Also gut, ich suche eine fleißige, saubere, nette und sehr offene und flexible

Putz- und Massagefee... ;-) Manch mal vielleicht auch für ein paar einfache Büro Arbeiten! Stundenlohn plus evtl. Bonus VB ;-) Bist Du interessiert? Falls nein, dickes "Sorry" !!! Falls ja, schreib´ mir einfach! Nette und sehr gesunde Grüße erstmal... WhatsApp? Foto? Detlef

Detlef, 22:44: ???

Carina, 22:44: Wie viel € ?

Detlef, 22:48: Na? Ist Deine "Lust" erloschen? Oder erwarte ich zuuu viel von Dir? Kannst Du denn überhaupt massieren..... ?

Detlef, 22:59: "Zeig" Dich mal ;-)

Carina, 23:03: Du zuerst

Detlef, 23:15: Kein Problem... Das bin ich! Und Du? [Alter Sack, ungepflegt auf Malle mit anderen alten Kerlen im billigen Restaurant mit abgestandenem Bier, leeren Tellern und ein anderes Bild: er im Schlauchboot mit nacktem Oberkörper und welkem Fleisch...]

Carina, 23:20: 1,50 und 95kg [Gerade spontan weitere 10kg auf die Rippchen gepackt.]

Detlef, 23:22: Dann bist Du ja ein "kräftiges" Mädchen? Gerade groß genug um dich um die Figglatte zu wickeln. Mag ich ;-)

Carina, 23:25: Und viel zu jung für dich

Detlef, 23:25: Will Dich ja nicht heiraten... Zeig Dich ;-)

Detlef, 23:27: Und bitte "deutlich".....

Detlef, 23:29: -Na? War´s das schon? Doch keine "Zusammenarbeit" ;-)

Carina, 23:40: Deutlich?!

Detlef, 23:41: Na logo, möchte doch mal sehen, auf was für ein Pferdchen ich mich evtl. freuen kann ;-)

Detlef, 23:48: hat dich der Mut verlassen

Detlef, 23:49: ???

HÄRTER

Koloss, 17:50: Guten Abend, bist du an einem bezahlten Date Interessiert? Liebe Grüße [Habe ich als Fräulein Mösenfröhlich inseriert?]

Carina, 18:01: Wieviel?

Koloss, 18:10: wieviel willst du und was machst du alles? [will ja gar nicht wissen, wie ich aussehe?!]

Carina, 19:19: Kommt auf die Summe an. [Warum nur? Wer sieht das auch so? Wenn es schon keine richtigen Jobangebote mehr gibt, dann sollen die anderen, die unbefriedigten, immergeilen Hobelhengste auch nicht schreiben dürfen...]

Koloss, 19:25: 150 oder so? ich mag den Koitus aber ein bissel härter und versaut

Carina, 21:06: Nein, Danke!

DER SCHRIFTSTELLER

Frank Moody, 22:11: Hallo! Magst vielleicht auch ein wenig erotisch schreiben? (NUR schreiben!). Zahle gut dafür.

Carina, 22:13: Für was? u wieviel?

Frank Moody, 22:17: Habe da so an ganz harmlose [!] Rollenspiele wie Lehrer - Schülerin gedacht. €15 - €20 pro Spiel ist doch echt leicht verdientes Geld oder?

Carina, 22:19: oke

Frank Moody, 22:23: Hast schon mal erotisch geschrieben?

Carina, 22:25: mit mein freund [Hier brauche ich weder Groß-/Kleinschreibung noch korrekte Formen mehr, will den Schriftsteller etwas erden, dass er seine Ansprüche an mein Niveau herunter schraubt.]

Frank Moody, 22:26: Und wie hat es dir gefallen?

Carina, 22:28: hm ja

Carina, 22:28: du müsstest doch eher fragen, wie es ihm gefallen hat?!

Frank Moody, 22:29: Und?

Carina, 22:29: hat schnell weiche Knie bekommen und es nicht lange ausgehalten...

Frank Moody, 22:30: okey! Deine WhatsApp Nummer?

Carina, 22:31: kein whatsapp

Frank Moody, 22:31: sondern?

Carina, 22:32: hier schreiben

Frank Moody, 22:33: Hier schreiben ist leider ziemlich langsam :(

Carina, 22:35: ok gute nacht [hier wäre ein *gute nackt* eher angebracht gewesen. Das hätte Frank gefallen.]

DER WELLNESSBEREICH

Thomas Titus, 17:17: Hallo, können Sie sich was im Wellnessbereich vorstellen?

Carina, 17:30: klar

Thomas Titus, 17:33: Wir haben einen privaten Kundenstamm die Entspannung suchen

Thomas Titus, 17:34: Die Aufgabe besteht darin unsere Kunden im Hotel zu besuchen und für deren Entspannung zu sorgen [also eine Hotelratte und nicht als Straßenbesen den Strich abklappern, sondern was gehobenes?]

Thomas Titus, 17:34: Wäre das etwas für Sie?

Carina, 17:38: Mal sehen

Carina, 17:45: wie viel €

Thomas Titus, 17:48: 130 die stunde [also wird für diese offerierte geringe Entladegebühr wohl keine Luxusdame gesucht]

Carina, 17:52: Für massieren?

Thomas Titus, 17:52: Massage stunde 80

Thomas Titus, 17:52: 130 für Sex

Carina, 17:54: was sind das für Kunden?

Thomas Titus, 17:56: wir kennen auch nicht jeden einzelnen kunden, überwiegend sind es aber geschäftsmänner [die Männer der Tat]

Thomas Titus, 17:56: überwiegend stammkunden

Carina, 17:58: Ok, überlege ich mir.

Thomas Titus, 17:59: Ok falls Interesse besteht einfach deine Nummer senden und ich meld mich wegen der weiteren Absprache!
[Hätte zu gerne gewusst, um welche dubiose Agentur es sich da gehandelt hat.]

DER DOPPELTE DONALD

Donald, 18:16: Guten Tag! Würden sie auch Lust für Begleitung?

Carina, 18:18: check

Donald, 18:18: ?

Carina, 18:18: klar

Donald, 18:19: Wann haben Sie Zeit?

Donald, 18:22: Können Sie heute?

Carina, 18:25: Leider nein. Was wollen Sie während der

Begleitung machen?

Donald, 18:25: Zusammen Spaziergang unterhalten quatschen [Quatsch?!]

Donald, 18:25: Wann kannst du?

Carina, 18:28: Gib mir mal deine Nr u ich melde mich [sicher nicht bei dir.]

Donald, 18:29: 01781...

Carina, 18:39: Kann grad nicht

Carina, 18:41: Morgen besser

Donald, 18:44: Ok morgen Abend 19 uhr

Donald, 22:59: Wann kannst du morgen?

Donald, 23:23: Hab voll Lust

DER EWIGE DONALD

[nächster Morgen]

Donald, 06:35: Hallo Carina, wenn du willst hilf mich in meinem Büro, leichter Büro hilfe du kannst BEZAHLTE Probearbeit Machen, OHNE Anmeldung 2x die woche Nebenverdienst meinem Büro in Neukölln 10€-30€ pro Stunde mit Tägliche Auszahlung, ich arbeite für 15 Hausverwaltungen, Leere Wohnungen zum Vermieten vorbereiten , Lg Donald [überhöhte Mieten, davon bezahlst du junge Mädchen?]

07:40: 01512...

HANDWERKLICH

Cem, 19:42: Hey, würde dir für eine schnelle Hand Arbeit etwas geben, Interesse? LG Cem

Carina, 19:46: was genau?

Cem, 19:50: Halt mit der Schwanzflosse

Carina, 19:52: zeig mal bild

Cem, 19:52: [Foto: er, um die 30 Jahre alt, sieht eigentlich ganz normal und vernünftig aus.]

Carina, 19:53: Ok, wieviel?

Cem, 19:53: Darf ich vorab auch mal ein Bild von dir sehen bitte? [von mir oder meinen Fingerchen. Wenigstens ist er nicht wahllos, ich könnte ja auch ganz abstoßend hässlich sein]

Cem, 20:09: Noch da? [nein, hab ihn hängen lassen.]

POKER

Oliver, 17:30: Hallöchen was kannst du alles und was möchtest du verdienen lg

Carina, 17:31: Biete was an.

Oliver, 17:32: Spass haben lg

Carina, 17:32: Ok, wieviel?

Oliver, 17:32: Must du sagen lg

Oliver, 17:33: Wie lange hast du zeit lg

Carina, 17:34: wieviel €

Oliver, 17:34: Must du sagen

Oliver, 17:37: Hab lange nicht mehr

[Und das kann noch eine Weile so bleiben...]

UNTAUGLICHER VERSUCH

Edmund, 18:49: Hi. Kommen erotische Treffen auch in Frage? Lg. 8 ==========() ~ ~ ~

Carina, 18:53: Sicher, wenn alles stimmt.

Edmund, 18:55: Okay... Na was ginge denn so alles und wie wären deine finanziellen Vorstellungen? Bin dt. M, gesund, gepflegt und sterilisiert... [der nächste Schaumschläger]

Carina, 19:09: Trotzdem nur mit Schutz. [Und Maske.]

SANFTE DOMINANZ

Tyler, 10:10: Guten Tag, was unterscheidet Sie von anderen Arbeitssuchenden, was macht Sie so besonders, dass ich ausgerechnet Ihnen eine Tätigkeit anbieten "muss". Was sind Sie mehr bereit zu leisten und was erwarten Sie im Gegenzug natürlich? Mit freundlichen Grüßen

Carina, 10:20: Guten Tag, anbieten "müssen" Sie gar nichts. Es ist doch eine Win/Win-Situation, wenn Sie meine Leistung und Arbeitszeit erhalten und ich im

Gegenzug einen fairen Lohn. Wenn die Umstände und die Bezahlung passen, bin ich bereit viel zu leisten.

Tyler, 10:40: Danke. Wie hoch würden Sie ihren Wunschlohn ansetzen?

Carina, 10:45: Naja, das kommt doch ganz darauf an, was mein Arbeitsgebiet wäre?!

Tyler, 10:45: Persönliche Assistentin!

Carina, 10:46: Jetzt weiß ich immer noch nicht, was genau ich zu tun hätte.

Tyler, 16:10: Es ginge jetzt nur noch um gelegentliche Einkäufe und manchmal Babysitter kurzfristig vormittags für 1,5-3h für unseren 9jährigen Jungen, weil für die Hauptaufgabe wahrscheinlich bereits jemand gefunden wurde.

Carina, 16:20: Babysitten wäre gerne möglich, am besten wir bleiben telefonisch in Kontakt. Haben Sie eine Nr. für mich, unter der ich Sie erreichen kann?

Tyler, 16:20: Wie viel würden Sie dafür nehmen?

Carina, 16:20: Wären €16 dafür ok? [Diesmal extra einen kleinen Puffer eingebaut.]

Tyler, 16:21: Das ist etwas mehr als normal (12-14euro). Würde Sie ja gerne unterstützen, aber mehr geht leider nicht.

Carina, 16:23: An den zwei Euro "mehr" soll es scheitern?

Es geht doch um Ihren Sohn, und dass er eine richtig gute Betreuung erhält, wenn seine Eltern arbeiten und unterwegs sind!

Tyler, 16:24: Oder an den zwei weniger soll es scheitern? ;) Meine Frau würde übrigens nur 10 zahlen wollen. Wenn es sehr gut war, gibt es sicher mal was extra obendrauf.

Carina, 16:24: Ihre Frau könnte sich ja auch "for free" kümmern...

Tyler, 16:25: Die Trennung läuft gerade und sie geht auch arbeiten...

Carina, 16:25: Schlecht. Also doch lieber €16 und jemand, der gut versorgt und aufpasst?!

Tyler, 16:27: Ziemlich fies. Dringende männliche Notlage ausnutzen und so. Was bleibt mir an den Tagen alleine übrig?

Carina, 16:28: Nein, nicht fies. Win-Win-Situation für alle würde ich dazu sagen.

Tyler, 16:30: Bin leider zu schnell weich zu klopfen..

Carina, 16:30: Immer mit der Ruhe.

Tyler, 16:39: Welche Ausbildung haben Sie denn?

Carina, 16:45: ich studiere Jura

Tyler, 16:48: Gut. Wichtig ist ja eigentlich auch nicht die Ausbildung, sondern ob es passen würde und ob die

Chemie stimmt.

Carina, 16:55: Die Chemie?

Tyler, 16:56: Ja, klar. Und vielleicht wäre ja noch eine Zusatzaufgabe möglich? Mit Bonus.

Carina, 17:00: Dachte, dafür haben Sie schon jemand gefunden?!

Carina, 17:01: Bonus ist immer gut.

Tyler, 17:04: Darf ich dich was fragen?

Carina, 17:17: okay ?!

Tyler, 17:20: Spielst du gerne Spielchen? Übernimmst du gerne die dominante Rolle? Bist du eine kleine Domina?

[Und leider auch bei diesem potentiellen Arbeitgeber nimmt es spätestens hier mal wieder eine *komische* Wendung.]

Carina, 17:22: Stehst du auf Erniedrigung?

Tyler, 17:22: hmm

Carina, 17:25: ich verstehe dich nicht du armseliges Sklavenschwein.

Carina, 17:25: Schick mir all deinen Zaster!

[Du kannst dir denken, wieviel von dem bunten Papier bei mir angekommen ist.]

BENZ-IN

Spacegunner, 06:09: Carina du kommst Entspannt

rüber... auch offen für Abenteuer im Benz ? Ich freu mich Mega auf deine Mail mein Toffifee :))

Spacegunner, 06:09: [Foto vom Mercedeskühlergrill]

Spacegunner, 14:29: ...

Carina, 15:05: Mag keinen Benz. Lieber Porsche!

Spacegunner, 15:08: Hahahaha .. Aber fährst bestimmt BVG wa du scheiss fake looser:)

WOCHENENDFREIZEIT

Lambo, 22:34: Melde dich doch mal bei mir Gruß

Carina, 22:40: für was ?? u wieviel??

Lambo, 22:40: Wieviel hängt von dir ab

Lambo, 22:40: Kommt darauf an, was ich alles mir Dir machen kann

Carina, 22:40: Zu teuer für dich, Schatzi [lol]

Lambo, 22:41: Da waren schon ganz andere, glaub mir

Lambo, 22:42: Sag an Wochenende mit dir?

Carina, 22:44: 10000

Lambo, 03:30: Ok Bild von dir?

Lambo, 03:33: Zeig mir was mich erwartet

Carina, 03:55: zeig du mal [zu blöd, wenn man wegen Geldsorgen Alpträume bekommt und danach nachts wach liegt]

Lambo, 03:56: [Foto, er mit Zigarre im Möchtegern-

Zuhälterlook.]

Lambo, 03:57: Na komm

Lambo, 03:59: Ich warte

Lambo, 04:00: Ist es optisch um dich so schlimm gestelzt [sic!], das du dich nicht traust ?!??

Lambo, 04:02: Lass wir es lieber

Carina, 04:04: bin sehr hübsch

Lambo, 04:04: was krieg ich von dir dafür zu sehen [Fehlercode 404, hab nix für dich gefunden.]

DER FEINFÜHLIGE SPUNDLOCHBOHRER

Petr, 03:50: hallo unbekannte, hätte lust dir zu helfen?! Kommst du mit geräten klar wo druck drauf ist

Carina, 03:59: zB?

Petr, 04:00: handarbeit oder auch mehr, mit nem mann zusammen arbeiten halt

Petr, 04:09: sorry hab wohl falsch gelesen und bin zu müde, kann aber nich schlafn

Petr, 04:10: sorry, was magst du denn machen?

Petr, 04:14: vll bilder oder videos?

Petr, 04:19: hass [sic!] du vorgeschmack für mich? wie siehst du aus

Petr, 04:24: wie alt bist du und wie groß ist dein bh? [das eine steht in der Anzeige, das andere noch nicht]

Petr, 04:44: wie groß sollte er sein? [schläft *er* immer noch nicht?! Böser Junge!]

Carina, 07:11: 22 cm

Petr, 07:15: bin unsicher wegen meinem. Ob er über Haupt [sic!] gut iss

Carina, 07:22: Ok [was sagt man dazu?]

Petr, 07:22: darf ich deine ehrliche Meinung fragen zu ihm??

Carina, 07:33: Klar [morgens oft einsilbig]

Petr, 07:33: darf ich dir bei Foto senden?

Petr, 07:33: von ihm?

Carina, 07:35: Klar [einer, der vorher fragt]

Petr, 07:36: sorry passiert

Carina, 07:38: was passiert?

Petr, 07:38: immer wenn ich Foto machen will. Da fällt er zusammen.

Carina, 07:40: dann überrasche ihn

Petr, 07:45: hat doch noch geklappt [Foto mit 08/15 Nothelfer]

Carina, 07:47: sieht doch normal aus

Petr, 07:47: ehrlich?

Carina, 07:47: ja. klar

Petr, 07:50: danke! Das beruhigt mich sehr

Carina, 07:50: ja ist normal, keine Sorge

Petr, 07:52: soll ich dir nicht noch eins schicken??

Carina, 07:52: nein!! bitte nicht

Petr, 07:52: [noch ein weiteres Foto, Perspektive von unten, so daß *er* etwas größer wirkt]

Petr, 07:52: sorry!

Petr, 07:52: zu früh abgeschickt

Carina, 07:53: jetzt ist gut. Keine weiteren Bilder mehr.

Carina, 07:53: Will mein Frühstück genießen. Sonst hab ich gleich keine Lust mehr auf meine Eier.

Petr, 07:51: Tschuldigung nochmal und ganz lieben Dank für dein Verstehen.

PREISSPRUNG

Stieglitz, 03:10: Heyy! Hast du Lust vielleicht für Haushalthilfe bezahle auch gut!

Carina, 11:02: Details??

Stieglitz, 11:55: Einfach aufräumen und sauber

Stieglitz, 11:56: 2 -3 Stunde reicht denke ich

Stieglitz, 12:34: Massage vielleicht ??

Stieglitz, 12:35: Bezahle auch extra natürlich ?

Carina, 12:48: zeig bild

Stieglitz, 12:48: Erst du bitte ?

Stieglitz, 12:50: [Foto, äußerst unsympathische und fast schon brutale Erscheinung mit Gesichtstattoo.]

Stieglitz, 12:51: Jetz du?

Stieglitz, 12:59: ??

Carina, 13:19: Leider nicht so mein Typ, Sorry!

Stieglitz, 13:20: Bezahle auch gut bitte ?

Stieglitz, 13:40: Sag's du wieviel??

Stieglitz, 14:02: 40-50 die Stunde

Stieglitz, 14:15: Oder mehr?

Stieglitz, 14:30: Zeig dein Bild bitte ?

Stieglitz, 14:44: ?

Carina, 14:55: So billig eh nicht.

Stieglitz, 15:00: 150?

Stieglitz, 15:05: Zeig bitte dein Bild ?

Stieglitz, 15:09: ??

Stieglitz, 15:21: Ein schöne Stunde 200 ok?

Stieglitz, 15:29: willst du mehr?

Stieglitz, 15:29: Ein Foto bitte

Carina, 15:59: Schicke keine Bilder im Internet an Fremde

Stieglitz, 16:00: Ja aber wie soll ich wissen das bei mir wer kommt ? [als ob ich kommen würde; weder *zu* noch *bei* dem dort geplanten Bespringen]

Stieglitz, 16:07: Dann schick bitte deine Nummer machen wir von WhatsApp weiter besser oder

Carina, 16:09: Schick mir deine. [Bitte nicht.]

DIE FEHLPLANUNG

Hamid, 22:35: Treffen

Carina, 22:38: zeig dich!

Hamid, 22:39: Ich zeige mich wenn wir alles planen

Hamid, 22:43: Wie viel willst du haben

Hamid, 22:45: Für 1 std wegrotzen

Carina, 22:46: Sag du

Hamid, 22:49: Sag mal für 1 Stunde wie viel

Carina, 22:59: Plane nicht, ohne Bild.

DER AMATEUR

Leopold, 18:18: Hi ich bin ein leidenschaftlicher Hobbymassäuer! [sic!] Würde dich sehr gerne massieren um meine Massagetechnik zu erweitern was magst du dafür nehmen Preislich

Leopold, 18:20: Und was sagst du ?

Leopold, 18:22: Bist du telefonisch erreichbar könnten alles besprechen wenn du magst kannst du mich auch gerne anrufen

Carina, 18:23: Was für eine Massage?

Leopold, 18:23: So rücken Beine Po Bauch Oberschenkel Brust

Leopold, 18:24: Füsse

Carina, 18:25: zeig mal bild von dir. Bleibst du bei der

Massage angezogen?

Leopold, 18:25: Wenn du mir ein Bild sendest dann sende ich auch dir

Leopold, 18:29: Bin angezogen esseiden [!] du willst das ich nicht angezogen bin wie du es willst

Leopold, 18:30: Kannst du auch Massage

Carina, 18:32: Ich kann nicht massieren

Leopold, 18:32: Ok und was würdest du dafür nehmen Preislich hast du überlegt

Leopold, 18:51: Ok 100

Leopold, 18:52: Ok 016410...

Leopold, 18:52: Ok also kann ich auch nackt bei der Massage sein ja

Leopold, 18:53: Rufst du an 016410...

Leopold, 18:54: Hast nicht angerufen

Carina, 18:55: kann grad nicht. Bin in meinem privaten shangri-la. Besser morgen.

Leopold, 18:55: Da bin ich arbeiten

Leopold, 18:55: Würde mich sehr freuen wenn du anrufen würdest jetzt

Carina, 18:56: kann jetzt nicht!

Leopold, 18:57: Na ok und Foto das kannst du ja jetzt senden dann kann ich dir auch meine senden [was für ein Streichelheini!]

CHILLIG

Fandflasch, 22:15: Hay

Carina, 22:20: hey

Fandflasch, 22:21: Hallo was kannst du bitte arbeiten

Fandflasch, 22:23: Kannst du bitte meine wohnung sauber machen c.a 2 stu

Carina, 22:30: kann ich

Fandflasch, 22:33: Bin 24 ich wohne alleine meine wohnung 1 Zimmer. küche und bad mit wanne

Carina, 22:37: oke

Fandflasch, 22:38: Aber bitte nur sauber ja keine was anders [lölchen]

Carina, 22:39: was meinst du

Fandflasch, 22:40: Ganz Ehrlich [is klar] ich hab vorher mit eine Mädschen geschrieben und hat mir gesagt ja wir können auch spaß machen weil ich alleine wohne deswegen [ganz genau so wird's gewesen sein]

Carina, 22:41: und suchst du nun Spaß oder nicht, ist es seriös?

Fandflasch, 22:42: Also ganz Ehrlich wenn du willst oder wir wollen es ok kein problem was hältst du davon

Fandflasch, 22:43: Aber ich hasse wenn man derikt schreiben ich will ja

Fandflasch, 22:44: Ja Carina was hältst du davon!

Fandflasch, 22:45: Wir können gerne mal kaffe trinken und Shicha rauchen hab hier Shicha zu hause und netflix

Fandflasch, 22:48: Carina willst du jetz ma kommen oder nicht? [Get a life! /trotz /wegen Corona]

BESCHÄFTIGUNGSTHERAPIE

[Hier habe ich mich auf eine, um 21:00 Uhr veröffentlichte, offensichtlich dubiose Anzeige mit dem Titel "Junge weibliche Putzhilfe gesucht: heute noch!" gemeldet, damit er beschäftigt ist und keine anderen Frauen nerven und belästigen kann während dieser Zeit.]

Carina, 21:01: Hallo, habe Interesse an dem Angebot und könnte putzen, wo ist es denn?

Röschenhof, 21:01: In Lichterfelde/Zehlendorf

Röschenhof, 21:01: Wer bist du denn

Carina, 21:02: Carina, hab wegen Corona keinen Nebenjob

Röschenhof, 21:02: Okay

Röschenhof, 21:02: Wie alt bist du

Carina, 21:02: Für was?

Röschenhof, 21:02: Putzen

Röschenhof, 21:02: Wie alt bist du

Röschenhof, 21:03: ?

Carina, 21:04: Noch ein knackiger Teenie :)

Röschenhof, 21:04: Super!

Röschenhof, 21:04: Und wann kannst du Putzen

Carina, 21:04: wann soll ich

Röschenhof, 21:04: Jetzt

Carina, 21:05: jetzt zu spät, geh gleich schlafen

Carina, 21:06: Oh, die Anzeige ist schon weg?! Schade.

Röschenhof, 21:06: Habe ich rausgenommen

Röschenhof, 21:06: Schreibe ja jetzt mit dir

Röschenhof, 21:06: Hast du Zeit

Carina, 21:07: Für Putzen heute nicht mehr. Es ist schon spät und bald zu dunkel.

Röschenhof, 21:07: Okay

Röschenhof, 21:07: Wievielt möchtest du Pro h Putzen

Carina, 21:08: wie viel ist denn zu putzen?

Carina, 21:09: Was zahlst du mir?

Röschenhof, 21:10: Nicht so viel: erst mal nur eine kleine Treppe

Röschenhof, 21:10: 10€ ?

Carina, 21:11: wie lange dauert das?

Röschenhof, 21:11: 1 oder 2 Stunden

Röschenhof, 21:13: Zu wenig Moos ?

Carina, 21:13: So lange 1-2 h nur für eine kleine Treppe? und dann nur €10 nein. Hätte gerne €28 für 2h insgesamt.

Röschenhof, 21:13: Nicht nur die Treppe. Auch Auf räumen usw

Röschenhof, 21:14: Wenn du willst

Carina, 21:14: ah oke

Carina, 21:14: ja klar

Röschenhof, 21:14: Super

Röschenhof, 21:15: oke, hast du Butzsachen alles dabei?

Röschenhof, 21:15: Hast du Arbeits Sachen

Röschenhof, 21:16: Eimmer ja usw

Röschenhof, 21:18: ?

Carina, 21:19: wäre gut wen [sic!] ich nichts extra mitbringen muss

Röschenhof, 21:19: Nein alles da [Warum fragst du mich denn dann?]

Röschenhof, 21:20: ?

Carina, 21:20: oke

Röschenhof, 21:23: Hast du Arbeits Sachen [dachte, die Frage wäre geklärt? Aufmerksamkeitsdefizit?]

Carina, 21:24: was meinst du

Röschenhof, 21:24: Ist ein Einfamilienhaus im Umbau ist nicht so sauber hier

Carina, 21:25: brauch ich nen Helm?

Röschenhof, 21:25: Nein [eher Pfefferspray]

Carina, 21:26: bist du Mann? [rhetorische Frage, lol]

Röschenhof, 21:26: Ja bin ich. Ist das schlimm dann sage es gleich [damit der Röschenhof die nächste nerven kann.]

Carina, 21:27: wenn ich meiner Mutter nichts erzähle ist oke, es ist doch was seriöses?!

Röschenhof, 21:28: Ja ist es.

Carina. 21:28: wie alt?

Röschenhof, 21:28: Ich wie alt warum fragst du das

Carina, 21:28: nur so

Röschenhof, 21:29: Ich bin 52

Carina, 21:29: oke

Röschenhof, 21:30: Spielt das eine Rolle. Das Alter

Carina, 21:31: is mir egal

Röschenhof, 21:31: Genau

Röschenhof, 21:32: Wann kannst du

Carina, 21:33: morgen ab 11

Röschenhof, 21:33: Ich kann immer nur nachmittags wegen meiner Arbeit

Carina, 21:34: wann

Röschenhof, 21:35: Ab 16.00 [dann sag das doch gleich, dass du erst um 16 Uhr Zeit hast]

Carina, 21:36: ja

Röschenhof, 21:36: Okay

Röschenhof, 21:36: Weißt du wo die C-Straße ist

Carina, 21:37: Da ist die Polizei?

Röschenhof, 21:37: C-straße ist wo die Schule und die Sporthalle ist.

Carina, 21:38: ok

Röschenhof, 21:39: Kannst du warten an der Sporthalle? [und dort werde ich entführt?!]

Carina, 21:39: joa

Röschenhof, 21:39: Super

Röschenhof, 21:40: Wie erkenne ich dich

Carina, 21:41: dunkelblond schulterlang und 1,68 und zieh dann gelbes shirt an und Jogginghose

Röschenhof, 21:42: Okay

Röschenhof, 21:43: Wann ungefähr bist du da.

Carina, 21:43: na um 16 Uhr

Röschenhof, 21:44: Super

Röschenhof, 21:45: Was ziehst du an. Zum Putzen

Carina, 21:46: Na das gelbe shirt und jogginghose!

Röschenhof, 21:47: Okay

Röschenhof, 21:47: Und wievielt willst du jetzt Pro Stunde Putzen

Carina, 21:48: €14

Röschenhof, 21:48: Aso

Röschenhof, 21:49: Hast du auch Leggins zum Anziehen

[jetzt geht´s also endlich richtig los...]

Carina, 21:49: nee

Röschenhof, 21:49: Okay

Carina, 21:50: Warum??

Röschenhof, 21:50: Nur so

Röschenhof, 21:52: Weil ich liebe Leggins an jungen

Mädschen

Carina, 21:53: Aha !!

Röschenhof, 21:53: Na ja egal

Carina, 21:54: willst du gucken wie ich putze

Röschenhof, 21:54: Ja schlimm ?

Carina, 21:55: nur gucken?

Röschenhof, 21:55: Ja warum fragst du ?

Röschenhof, 21:57: Hallo

Röschenhof, 21:58: Noch da

Röschenhof, 22:02 Noch da

Röschenhof, 22:05: ?

Carina, 22:07: ja

Carina, 22:07: war unter der Dusche [einfach mal als

Stilmittel übernommen vom Herrn Umweltschützer aus

der Charité, damals aus Phase 1]

Röschenhof, 22:08: Okay

Röschenhof, 22:09: Darf ich dir zusehen beim Putzen

Carina, 22:10: oke [aber ganz sicher!]

Röschenhof, 22:11: Okay

Röschenhof, 22:13: Hast du die Leggins an dann.

Carina, 22:14: kann ich mich bei dir umziehen?

Röschenhof, 22:14: Ja kein Problem

Röschenhof, 22:14: Was willst du denn umziehen

Carina, 22:15: Jeans gegen Leggings tauschen

Röschenhof, 22:15: Okay kein Problem

Röschenhof, 22:16: Was hast du unter der Leggins an

Röschenhof, 22:17: Noch da

Carina, 22:17: unterhose oder was meinst du

Röschenhof, 22:18: Ja okay

Röschenhof, 22:18: String Tanga ???

Carina, 22:18: willst du das ich etwa nackt putze, oder was?

Carina, 22:19: hab kein string

Röschenhof, 22:19: Okay

Röschenhof, 22:19: Nackt ist auch nicht schlecht

Carina, 22:20: war Witz

Carina, 22:20: kann aber nur Leggings ohne was drunter an [hahaha]

Röschenhof, 22:20: Okay super

Carina, 22:20: kostet extra

Röschenhof, 22:21: Wievielt

Röschenhof, 22:21: Stehe hinter dir ist das schlimm

Carina, 22:21: wie hinter mir? warum?

Röschenhof, 22:21: Hinter dir da sehe ich alles besser

Carina, 22:23: aber nicht rubbeln

Röschenhof, 22:25: Darf ich hinter dir stehen

Carina, 22:25: was bietest du

Röschenhof, 22:25: 30€

Röschenhof, 22:25: willst du meine Nr wegen morgen?

Carina, 22:25: von mir aus. gib mir Nr

Röschenhof, 22:35: 015213…

Röschenhof, 22:35: Kannst dann schreiben

Röschenhof, 22:36: Bin ab 15 Uhr 30 zu erreichen

Carina, 22:36: was soll ich anziehen morgen über der Leggings für den Oberkörper?

Röschenhof, 22:36: Nichts

Röschenhof, 22:36: ?

Röschenhof, 22:40: Ist eine kleine Treppe. Must dich richtig tief runter bücken.

Carina, 22:40: ja kann ich

Röschenhof, 22:40: Super

Carina, 22:41: ziehe aber Shirt und BH an!

Röschenhof, 22:41: Dann Leggins an ohne Unterhose

Carina, 22:42: ist etwas durchsichtig das willst du doch

Röschenhof, 22:42: Oh ja super

Röschenhof, 22:42: Dann sehe ich ja vielleicht was

Carina, 22:44: legst du Hand an?

Röschenhof, 22:44: Nein

Röschenhof, 22:44: Wenn ich das nicht darf mache ich so was nicht

Röschenhof, 22:46: ?

Röschenhof, 22:47: Hallo

Carina, 22:48: hab nicht so Bock auf smalltalk, sorry! [So ganz plötzlich nach gefühlten 500 messages mit diesem alten Bock.]

Röschenhof, 22:49: Okay

Röschenhof, 22:49: Dann melde dich einfach. Telefon Nummer hast du ja

Carina, 22:50: Okay, dann dir noch eine gute Nacht

Röschenhof, 22:51: Bin später nicht mehr über diese Seite zu erreichen. Nur über Telefon. Per SMS. Melde dich einfach. Schlaf gut.

Carina, 22:53: danke ja

Röschenhof, 22:57: Also dann bis morgen ?

Carina, 22:58: oke

Röschenhof, 22:59: Hole dich da ab. So um ca 16 Uhr

Röschenhof, 22:59: Hoffe du bist dann da

Röschenhof, 23:03: Leggins ?

Röschenhof, 23:06: Ja ?

Röschenhof, 23:06: Hast du Mini Rock ?

Carina, 23:08: Mein Shirt reicht knapp bis über meinen Po

Röschenhof, 23:08: Super

Röschenhof, 23:08: Und Strumpfhose ?

Röschenhof, 23:10: ?

Carina, 23:12: mag ich nicht so

Röschenhof, 23:12: Was mag Du nicht so gern

Röschenhof, 23:14: ?

Carina, 23:15: Strumpfhose

Röschenhof, 23:16: Okay

Röschenhof, 23:16: Dann lass sie Weg

Röschenhof, 23:17: Wenn du willst

Carina, 23:18: ja mal sehn was ich morgen mach

Carina, 23:19: dann mal eine gute Nacht [da kommt doch sicher noch was?!]

Röschenhof, 23:20: ??

Röschenhof, 23:21: Reicht doch Shirt Oder ?

Röschenhof, 23:21: Ein Shirt oben. Was hast du unten an ?

Röschenhof, 23:23: Kein Problem. Kannst auch im String Tanga Putzen

Röschenhof, 23:25: Zahle TG

Röschenhof, 23:27: Hoffe du bist morgen da. Kann mich leider vorher nicht melden. Gehe dann schauen ob Du da bist. Warte da bis 16 Uhr.

Röschenhof, 23:30: Schick dir noch mal meine Telefon Nummer. Kannst dich melden morgen per WhatsApp.

Röschenhof, 23:31: 015213...

[In der Zwischenzeit hat er wieder eine "Suche jetzt Putzhilfe"-Annonce inseriert. Außerdem braucht er laut seinen anderen Gesuchen noch dringend eine "sexy Massage" und "getragene Unterwäsche".]

Carina, 23:45: Habe gerade deine anderen Anzeigen gesehen. [Schreibe wieder als "Privat" auf seine neueste Auflage, er sieht also nicht den alten Chat-Verlauf.]

Röschenhof, 23:45: Ja

Röschenhof, 23:45: Wer bist du denn

Carina, 23:46: wegen Putzen, gerade eben

Röschenhof, 23:46: Okay

Röschenhof, 23:46: Hast du Zeit zum Putzen

Röschenhof, 23:47: ?

Carina, 23:47: wir haben gerade geschrieben, die alten mails sind nur weg bei mir !

Röschenhof, 23:47: Okay

Röschenhof, 23:48: Du wolltest doch kommen zum Putzen oder ?

Röschenhof, 23:50: Warum bist du nicht gekommen

Carina, 23:51: morgen!! bist du besoffen!?

Röschenhof, 23:51: Nein bin ich nicht

Röschenhof, 23:52: Wann kannst du

Röschenhof, 23:53: Wer bist du [haha]

Carina, 23:53: Wer bist du? Hätte Lust [hahaha]

Röschenhof, 23:54: Hallo

Röschenhof, 23:54: Freue mich sehr das Du dich gemeldet hast

Röschenhof, 23:54: Röschenhof

Röschenhof, 23:55: Treffen ?? Bei mir ?

Carina, 23:55: und dann [es ist fünf vor Zwölf]

Röschenhof, 23:56: Mal sehen was willst du machen ?

Röschenhof, 23:57: Wie alt bist du

Carina, 23:58: sweet little eighteen

Röschenhof, 23:58: ok?

Röschenhof, 23:59: Hast du was enges zum Anziehen

Carina, 23:59: klar

Röschenhof, 23:59: Super was hast du denn

Röschenhof, 23:59: Hallo

Röschenhof, 23:59: Hast du meine Telefon Nummer noch

Carina, 23:59: nein, ist gelöscht.

Röschenhof, 00:00: Was hast du denn enges zum Anziehen.

Carina, 00:01: Jeans und T-Shirt

Röschenhof, 00:01: Okay

Röschenhof, 00:01: Leggins ?

Röschenhof, 00:01: Mini Rock ?

Röschenhof, 00:02: ?

Röschenhof, 00:03: Noch da

Röschenhof, 00:03: Geil

Röschenhof, 00:04: Lusthase? Bock auf Treffen?

Röschenhof, 00:05: Hast du Zeit mir das zu zeigen.

Carina, 00:06: Ja, wenn du mich bezahlst!

Röschenhof, 00:06: Erstmal vorbei kommen.

Carina, 00:06: wieviel gibst du?

Röschenhof, 00:06: 39

Carina, 00:06: €39 ? für was ?

Röschenhof, 00:07: Anfassen

Carina, 00:07: nur den Busen [im Leben nicht]

Röschenhof, 00:07: Ar.sch

Röschenhof, 00:07: Wievielt willst du

Carina, 00:07: €300

Röschenhof, 00:07: Auf Wiedersehen

PHASE 5

Meine Reaktion: *endgültig auf Abwegen?*

Super Corona. Super Sexismus. Zwischen Prostitution und Pornografie. Höhepunkte der Corona-Krise.

DAS ESKALIERTE SCHNELL

Joker, 01:18: Hi! Kannst du putzen ?

Carina, 01:18: leider nicht so gut

Joker, 01:20: Hmm ? wie gut denn ? Wie alt bist du?

Carina, 01:21: 18

Joker, 01:21: Ne Wohnung kannst du putzen oder

Carina, 01:22: meine eigene kleine ja, aber nicht sehr gerne ;)

Joker, 01:23: Bräuchte ne hübsche die sie mir meine Wohnung eins zwei mal in der Woche putzt!

Carina, 01:24: warum hübsch

Joker, 01:24: ?

Joker, 01:25: Willst du damit sagen das du nicht hübsch bist? Lol

Carina, 01:25: willst du mich anmachen oder was

Joker, 01:25: Nein wieso! Wäre es schlimm?

Joker, 01:25: Zu mir Ich bin 27 männlich

Carina, 01:26: ne bin grad allein und langweil mich

Joker, 01:27: Echt allein!

Joker, 01:27: natürlich

Joker, 01:27: Was machst du denn wenn dir langweilig ist?

Carina, 01:29: Was stellst du dir vor? Dass ich meinen Body pflege, eincreme, streichel sowas? oder vorm großen Spiegel Kleider anprobiere...

Carina, 01:31: und was machst du grad, hast du was in der Hand?

Joker, 01:32: Ja natürlich und du?

Joker, 01:32: ;) :)

Carina, 01:33: Denkst du, dass ich eben duschen war und mich frisch für dich rasiert hab und mir dabei mit dem Duschkopf schöne Gefühle besorgt hab?

Joker, 01:34: Ohh!! Schön? was hast du dir angezogen ?

Carina, 01:36: natürlich gar nichts wie immer haha

Joker, 01:36: Haha geil ist auch am geilsten

Joker, 01:36: Zeig mal was

Carina, 01:37: Mensch Joker, muss leider gleich wirklich mal schlafen wegen morgen... hab leider wegen der Schreiberei keine Zeit, mich ordentlich anzuziehen. Für ein Top sollte es reichen, unten aber nix

Joker, 01:39: Zeigs mir Baby!! Los!

Carina, 01:40: das hättest du gerne, gell! Das würde dir gefallen, wenn ich mich hinleg und meine Hand geht langsam Richtung Süden.

Joker, 01:41: Ich lecke deine mumu

Joker, 01:41: Und küsse dich von oben bis nach unten

Carina, 01:45: ja, schade, dass ich jetzt so ganz allein bin. Aber du wärst mir eh sicher viel zu schnell fertig...

Joker, 01:46: Zeig mal deinen kleinen pooo?

Joker, 01:46: Ich zeig dir dann auch wie ich für dich abspritzeeee? ->...()

Joker, 01:47: Zeig mal von jetze

Carina, 01:49: geht hier nicht wg. Sperrung

Joker, 01:50: Doch mache ich doch auch

Joker, 01:50: Hab schon so viele Sachen gemacht

Joker, 01:50: Letztens hat mir ne Frau alles mögliche gezeigt

Carina, 01:51: ja aber spaß kostet u geht hier auf der Seite nicht, bin gestern erst gesperrt worden [lol, nein]

Joker, 01:52: Hahaha :) perverse Sau du kleine

Joker, 01:52: Was hast du denn gestern gemacht

Carina, 01:54: jaha ;) würd's dir gerne richtig geben und dich fertig machen

Joker, 01:55: Was würdest du denn mit mir machen? Sag

mal

Carina, 01:58: Verrate ich dir gegen Geld. Dann ist vieles online möglich ;)))

Joker, 02:02: Schade!!! nur online chat?

Joker, 02:10: Willst du denn nicht bei mir putzen nackt für 35€ die Stunde ?

Joker, 02:25: Kannst dir auch viel extra verdienen!!!

[Noch habe ich meine Hemmungen in der realen Welt und der Joker hätte wahrscheinlich eh nicht bezahlt.]

DER JAKOBSSTAB

Jakob, 02:08: hey :)) würdest du auch treffen oder online was offenes machen? Lg

Carina, 02:22: woher kommst du?

Jakob, 02:22: bei dir oder hier online?

Carina, 02:25: woher du kommst

Jakob, 02:29: habe morgen und übermorgen zeit, wohne in moabit

Jakob, 02:30: wieviel möchtest du?

Carina, 02:35: eigentlich ist meine Suchanzeige hier schon sehr ernst gemeint: einen richtigen Nebenjob, ganz normale Tätigkeiten wie beschrieben...

Jakob, 02:45: versteh, sorry hab ich leider falsch verstanden und würde besser schlafen,... wenn ich nur können würd

Carina, 02:47: Ohje...

Jakob, 02:55: ja sorry is grad ne harte zeit

Jakob, 02:56: sorry bin grad voll schlafflos [!]

Carina, 02:58: Was heißt harte Zeit bei dir ??

Jakob, 02:59: was denkst du den [der Klassiker]

Jakob, 03:01: [legt nach] viel druck [da kommt sicher noch was]

Jakob, 3:07: es steht viel an

Carina, 03:10: Ohje! warum denn das

Jakob, 03:10: magst mir helfen? :))

Jakob, 03:14: bin voll verunsichert jetz

Jakob, 03:21: ?

Jakob, 03:30: weiß nicht ob mein gerät noch funktioniert. war wochenlang nicht im einsatz

Carina, 03:33: Da kann ich dich beruhigen und versichern: es funktioniert immer!! du bist ein Mann!! [hahaha]

Jakob, 03:34: willst mal austesten?

Jakob, 03:35: willst mal sehen ob es dir gefallen würde?

Carina, 03:44: Ja [why not, hab´ um die Uhrzeit schon Schlimmes gesehen und Schlimmeres geträumt. Oder vice versa?]

Jakob,03:50: will nich hoch

Jakob, 03:51: [Foto: kleiner Dick im pic bommelt hilflos rum. Grrr]

Carina, 03:53: ??? da ist nicht viel zu sehen...

Jakob, 03:53: ja, leider.

Jakob, 03:54: soll ich mal groß machen?

Jakob, 03:54: für dich?

Carina, 03:55: oke

Jakob, 03:55: Weißt du worauf ich stehe??

Carina, 03:56: lach, da steht nicht so viel ;)

Jakob, 03:58: wenn eine frau sich mühe gibt im bett und mal geile dessous an hat und passende schuhe :))

Jakob, 03:58: dann steht er auch gut dazu

Jakob, 03:58: magst du sowas?

Carina, 03:59: wer weiß?! manchmal ;)

Jakob, 04:00: ohh JA

Jakob, 04:00: was hast du an?

Carina, 04:01: grade? Nur 1 shirt ;)

Jakob, 04:01: jetzt tut sich endlich was

Jakob, 04:01: möchtest du nochmal gucken?

Jakob, 04:01: ?

Jakob, 04:01: und mir sagen, ob eine frau ehrlich damit zu frieden sein kann

Jakob, 04:01: sorry bin grad voll nervös

Carina, 04:02: oke

Jakob, 04:02: aber bitte wirklich deine ehrliche meinung zu ihm ja???

Carina, 04:02: ja, mach schon

Jakob, 04:03: [Foto: der ehemals Winzling ist jetzt auf Betriebstemperatur-Standardgröße angeschwollen]

Jakob, 04:03: und???

Carina, 04:03: ist wirklich ok

Jakob, 04:03: nur ok? oder kann eine frau damit spaß haben? und ihr gefallen??

Carina, 04:04: ja, damit kann man was anfangen und er wird sicher vielen Frauen gefallen.Es kommt ja auch immer darauf an, wie du damit umgehst. Ein gutes Selbstbewusstsein ist das wichstigste [sic!]

Jakob, 04:04: ohh vielen Dank, ja das stimmt, bin leider immer sehr unsicher überhaupt

Jakob, 04:04: magst du auch was zeigen?? bitte

Carina, 04:05: benutz mal deine Fantasie

Jakob, 04:06: ja fantasie... guck mir total gerne schöne frauen an in heißer wäsche und auch tagsüber im job wen sie enge sachen anhaben und knappe röcke oder kleidchen und so, leider

Jakob, 04:06: macht meine freundin das nicht so oft

Jakob, 04:07: würde gerne dass sie das öfter macht, sich so zurecht machen. für mich. leider sehen wir uns grad nicht sehr oft

Carina, 04:07: dann red mit ihr

Jakob, 04:07: trau mich nicht so richtig

Carina, 04:08: oder schenk ihr was

Jakob, 04:08: ja hm, als mann schwierige situation das es nicht komisch bei ihr kommt?!

Carina, 04:09: Ich nehme an sie ist jung? Ich würde ne Überraschung toll finden als Frau

Jakob, 04:09: oje schreib zu viel wen ich aufgeregt bin... muss kühlen kopf bekommen

Carina, 04:10: wie alt ist sie denn?

Jakob, 04:10: 18

Carina, 04:11: Ich glaube schon, dass so eine Überraschung gut ankommt

Jakob, 04:11: für mich ein traum es mal bei ihr zu sehen und nicht immer nur an anderen fremden frauen

Jakob, 04:11: fühl mich dann wie untreu wenn ich so gucke

Carina, 04:12: Ach, Quatsch!

Jakob, 04:12: oke hab so lannnge die phantasie dafür

Carina, 04:12: Hm, dann trau dich doch!

Jakob, 04:12: ist das nicht sonderbar für mann so wünsche für mehr schwung?!

Jakob, 04:12: sorry nochma

Carina, 04:12: kein Problem

Jakob, 04:13: ja ich will ja, nur will auch kein ärger von ihr wegen meiner perversen wünsche so enge kleidung und geile dessus... muss mich wohl trauen

Carina, 04:14: Wer nicht wagt, der nicht gewinnt, oder wie heisst es so schön?

Jakob, 04:14: sie merkt sicher auf was ich heimlich steh bei anderen frauen

Carina, 04:15: Vielleicht freut sie sich ja, dass du dir Gedanken machst?

Jakob, 04:15: so hab ich es noch nicht gesehen, nicht das sie sagt, nur so gefällt sie mir und "normal" nicht aber vielen Männern geht es wohl so?!

Carina, 04:16: Wie gesagt, sei einfach mutig!

Jakob, 04:16: dein freund ist sicher sehr glücklich, bin leider noch nicht so weit

Carina, 04:17: hey, mein Freund hat mich mit Sextoys überrascht, war das Beste, was mir passieren konnte.

Carina, 04:17: war erstmal sprachlos... aber mega ;)

Jakob, 04:18: ohweia

Carina, 04:18: Er wusste auch nicht, wie ich damit umgehe und reagieren würde

Jakob, 04:19: da sind dessous und schuhe im bett ja ein harmloser wunsch

Jakob, 04:19: sorry das wolltest du nicht wissen

Carina, 04:22: Wenn du sie richtig ausflippen sehen magst... evtl. hat sie bald Geburtstag?! [schicke ihm einen Link zu dem geschenkten kleinen Auflegevibrator mit Saugfunktion] :)

Jakob, 04:25: so spielzeug da werd ich ja unwichtig? aber wenn sie dafür meine wünsche erfüllt ?!

Carina, 04:28: Quatsch... Mega beim Vorspiel

Jakob, 04:28: oh das macht mich grad verrückt!

Jakob, 04:29: ich zeig ihr das ding ma besten vorher?! zur sicherheit. nur ohne die mails sonst rastet sie aus :)

Carina, 04:30: Heyyyy, nicht zeigen, machen!

Carina, 04:30: Sonst ist doch die ganze Überraschung kaputt!

Jakob, 04:30: danke für dein verständnis

Carina, 04:31: Trau dich, kann dir nur Mut machen!

Jakob, 07:15: sorry fürs schnelle wegdrücken, sie wurde wach und ich wollte nicht das sie fragt wem ich schreibe.. das ding ist ja krasse sache! naja solange es nicht weh tut oder so. denkmal [!] in ruhe über alles nach. auf jeden fall schon mal herzlichen dank für die tipps und deine geduld, hilft mir voll weiter gerade :) hab einen schönen tag

Carina, 12:00: Danke, Dir auch!

EINGEHEIZT

Mergel, 22:33: Hi liebe Carina, suche Dich für einen regelmäßigen Taschengeldjob in Berlin. Hast Du Lust? Dann melde Dich! :) lg Mergel

Carina, 22:39: für was ?? u wieviel ?? [so sah am Ende meine Standardantwort aus: Kleinschreibung, Leerzeichen und Doppelfragezeichen]

Mergel, 22:42: Hi Carina, ich biete regelmäßig sehr gutes Tasc*hengel*d in b*ar und immer vorab für sehr schö*ne, gep*flegte und dis*krete Dat*es... ;) Interessiert? Suche eine Dauerfreu*ndschaft...alles absolut dis*kret!!! Es lohnt sich...melde Dich! Lg :)

Carina, 22:47: € ?

Mergel, 22:52: Egal...was magst du haben? Hast Du grundsätzlich Interesse?

Carina, 22:53: oke

Mergel, 22:55: Wie siehst Du denn aus? Hoffe, nicht zu dünn...?

Carina, 22:56: kurvig an den richtigen Stellen

Mergel, 22:57: Hey Hey...ich liebe Kurven überall!!!!!!!

Mergel, 22:58: Du bist aus Charlottenburg?

Mergel, 22:59: Bin aus Reinickendorf. Hast Du ein schönes Foto von Dir? ?

Carina, 23:02: hm

Mergel, 23:03: Ja, mag etwas weib*licher...

Mergel, 23:03: ...gerne kurven überall...?

Carina, 23:05: Auch am Bauch? [Phase 2 eigentlich]

Mergel, 23:05: Ja überall...bauch,beine,po,busen...

Carina, 23:06: Lol, kannste haben

Mergel, 23:07: Perfekt!!!

Mergel, 23:08: Aber Du solltest wie ich trotzdem gepflegt sein...

Mergel, 23:10: ?

Mergel, 23:12: zeig mal bild

Mergel, 23:13: Hast Du ein schönes Foto von Dir? ?

Carina, 23:14: hab zuerst gefragt

Mergel, 23:14: Hab zuerst gefragt? [stimmt; um 22:59]

Mergel, 23:15: Wie alt bist Du?

Carina, 23:16: Wäre es schlimm für dich, wenn ich noch nicht 18 wäre? [immer noch Phase 2-Modus]

Mergel, 23:17: Upps... wann 18?

Mergel, 23:18: Siehst Du jünger oder erwachsener aus?

Carina, 23:20: bin schon 18

Mergel, 23:20: Achso... passt

Carina, 23:22: Würde vorher trotzdem meine Mutter fragen?!

Mergel, 23:23: Weswegen?

Mergel, 23:25: Was meintest du denn?

Mergel, 23:25: Machst du abi oder Ausbildung?

Carina, 23:26: hab Abi

Mergel, 23:26: Cool

Mergel, 23:26: Bist du denn jetzt wirklich etwas molliger vom typ?

Carina, 23:26: hmh joa [eher nicht]

Mergel, 23:27: Klingt guuuut

Mergel, 23:27: Wie groß?

Carina, 23:27: 1,68

Mergel, 23:28: Bin 1,65....schlimm?

Mergel, 23:28: Ich werde immer neugieriger...

Mergel, 23:28: Bist du eigentlich single?

Carina, 23:28: Hab einen Freund

Mergel, 23:29: Ohh schade...schon vergeben....

Mergel, 23:30: Schick doch mal bitte ein schönes Foto von Dir...freue mich wirklich!!!

Mergel, 23:31: Wie lange zusammen mit Freund?

Mergel, 23:32: Hast du kurze oder lange haare? Welche haarfarbe? [Fragen wie beim Date-Verhör]

Carina, 23:33: 3 Jahre, blond u schulterlang, muss gleich mal ins bett... sorry gute nacht

Mergel, 23:34: Schickst du noch bitte ein schönes Foto von Dir ? ? ? [Die wievielte Fotofrage vom Ausgemergelten war das jetzt eigentlich?]

Mergel, 23:39: Meine Nachricht erhalten?

Carina, 23:42: erst von dir bild ;P

Mergel, 23:42: ach menno...

Mergel, 23:43: Hätte mich wirklich gefreut, wenn wir was regelmäßiges hinbekommen...

Carina, 23:44: Ja, erstmal sehen

Mergel, 23:44: ...soll nicht an den Schleifen scheitern...

Carina, 23:45: ohne Bild gehts eh nicht weiter, sorry. Trau dich!

Mergel, 23:45: Ja stimmt...hatte Dich zuerst drum gebeten...na gut...schade...

Mergel, 23:46: Gute Nacht

Carina, 23:48: gute nackt

Mergel, 23:49: Gute Nackt genau ;)

Carina, 23:50: haha

Mergel, 23:53: War doch nur Spaß ;)

Mergel, 23:54: Träum süß

Carina, 23:54: wer weiß

Mergel, 23:55: Wie meinst du das jetzt?? ?

Carina, 23:56: Vielleicht magst du dir vorstellen, wie ich nur ein Handtuch umgebunden habe nach dem Duschen und mich gleich hinlege...

Carina, 23:56: schlaf schön

Mergel, 23:57: Du bist ganz schön gemein...? ;)

Kopfkino... :)

Carina, 23:57: haha, meinste, ich bin stellenweise noch etwas feucht?

Mergel, 23:58: Carina...du machst mich schwach...!

Carina, 23:58: ;)

Carina, 23:58: und während du dir so unverschämt vorstellst, wie ich mich jetzt gründlich abreibe und langsam eincreme...

Mergel, 23:58: Du bist sooooo fies.....?

Carina, 23:59: ...da könnte sich bei dir vielleicht etwas regen

Carina, 23:59: wenn du lieb bist, gibt's bald was saftiges zu sehen... [Das ist echt fies.]

Mergel, 23:59: Ich hoffe, dass Du wirklich schöne Rundungen hast...?

Mergel, 23:59: Ich würde mich sehr freuen...

Carina, 00:00: b-c mal so, mal so, anständig auf jeden Fall!

Mergel, 00:01: Ach sooooo...aber Hallo!!! Klingt sehr gut...hoffe, alles Natur....? :)

Carina, 00:02: natürlich! Alles total schön rund und voll.

Mergel, 00:03: Ist es so?

Carina, 00:04: sry muss jetz aufhören mein Freund kommt gleich aus dem Bad...

Mergel, 00:04: Sehr schön... Aber weißt ja...ich mag auch lange Beine, mehr Po, ... ? :)

Mergel, 00:05: Alles gut...

Mergel, 00:05: Schlaf schön...

Mergel, 00:06: Bin sehr neugierig, wie Du aussiehst...?

Carina, 00:06: ok vielleicht darf er heute ;) bin jetzt bisschen heiss... ja, hab wohlgeformten Luxusbody

Mergel, 00:08: Klingt sehr schön...

Mergel, 00:08: Magst Du komplett rasiert beim mann untenrum? ist besser für bj... bist du eine geübte Saugfee und Dudelsackbläserin?

Mergel, 00:08: Viel Spaß euch beiden...

Carina, 00:16: geht gleich los

Mergel, 00:20: bist Du rasiert? Ich lecke seeeeeeeehr gern...

Mergel, 00:23: bist Du rasiert? Ich lecke seeeeeeeehr gern...

Mergel, 00:26: Und? Alles gut?

Carina, 00:39: was willst du hören? Könnte sein, dass die 1. Runde, heftig gyle war hmh, und dass ich ihn gleich ganz leere ?!

Mergel, 01:03: Klingt sehr g e i l...

Carina, 01:04: wer weiß?!

Mergel, 01:06: ...schöne Vorstellung...werde g e i l...

Mergel, 01:07: Schönes b i l d von dir?

Carina, 01:08: in dem bösen Zustand? [so eingesaut wie ich bin? Oder im Baumwollpyjama...] nee

Mergel, 01:10: Soooo neugierig...

Mergel, 01:15: ?

Carina, 15:55: schick keine Nacktbilder über internet

Mergel, 16:05: Hi, hast Du den nun eigentlich Interesse an regelmäßigen Da*tes gegen Tasc*henge*ld?

Mergel, 17:07: Bin oft und gerne g e i l... ?

[In der Zeit hat er wenigstens keine andere belästigt.]

DER HÖHEPUNKT

D3nn1 Crane, 00:07: Hallo, suche dringend eine Betreuung in den Ferien für meinen Sohn. Interesse? Lg

Carina, 00:08: Okay, hört sich super an. Danke. Um was geht´s genau?

D3nn1 Crane, 00:10: Suche eine gute Betreuung bzw. Aufsicht für meinen Sohn, 15 bald 16 für die Zeit meiner arbeitsbedingten Abwesenheiten. Je nachdem, wie flexibel Sie sind. Es geht darum, dass er vor allem nicht raucht, zu viel Filme guckt und die Verbote einhält: wie keine Keller-Partys, keine Dummheiten mit den Oldtimern im Garagenhaus anstellt usw. Meistens ist er aber sicher alleine auf seinem Zimmer. [Beschreibt hier der 15-jährige seine unreifen Pubertätsphantasien?]

Carina, 00:13: Ja klar, das wäre kein Problem, solange es sich nicht um Ferris Bueller handelt.

D3nn1 Crane, 00:15: Lach! Sie meinen wegen ungezogener Junge und alter Ferrari wie in "Ferris macht blau"? Keine Sorge! So schlimm wird´s hoffentlich nicht werden.

Carina, 00:16: Na, das wäre doch mal eine schöne Aufgabe, den widerspenstigen Kleinen zu zähmen.

D3nn1 Crane, 00:17: Stimmt! Haben Sie schon Erfahrungen? Und wieviel würden Sie denn dafür nehmen wollen?

Carina, 00:17: Was würden Sie denn geben wollen? Hab selbst einen kleinen Bruder: also etwas kenne ich mich aus mit aufpassen.

D3nn1 Crane, 00:17: Der vorgesehene Rahmen sind 17-20€ und im Notfall Taxigeld, falls es sehr dringend ist oder sehr spät werden sollte.

Carina, 00:17: Okay, super :) Und ab wann und zu welchen Zeiten?

D3nn1 Crane, 00:19: So bald wie möglich. Ab wann ginge es? Sind auch Einsätze abends oder an Wochenenden möglich?

Carina, 00:20: Ja kann ich gerne. Ab nächsten Monat.

D3nn1 Crane, 00:21: Nicht eher? Es ist so schwer, gerade fündig zu werden! Die Flexibilität und Einsatz-Bereit-Schaft würde entsprechend honoriert.

Carina, 00:22: Jetzt am WE?

D3nn1 Crane, 00:24: Ab Freitagabend wäre optimal. 20-00 Uhr, maximal bis 2-3 Uhr im Extremfall. Sa/So nachmittags oder auch abends, wenn es ginge?

Carina, 00:26: Okay, klar. [Eben hatte ich erst nächsten Monat Zeit.]

D3nn1 Crane, 00:26: Jeder Extra-Einsatz wäre Gold wert und mir sehr lieb.

Carina, 00:27: Okay, ich versuche, was in meiner Macht steht.

D3nn1 Crane, 00:28: Ist halt eine schwere Lage und der Druck enorm hoch deswegen.

Carina, 00:29: Ja, momentan läuft sehr viel schief.

D3nn1 Crane, 00:29: Ja, und alleinerziehender Vater ist doppelt schwer.

Carina, 00:29: Ich pass auf!

D3nn1 Crane, 00:30: das ist toll, wäre sehr dankbar dafür

Carina, 00:30: Sehr gerne, hab Zeit.

D3nn1 Crane, 00:31: Eine Sorge weniger. Wenn es meinem Sohn gut geht.

Carina, 00:31: Dem wird es gut gehen.

D3nn1 Crane, 00:32: Hoffe ich… schwieriges Alter… aber ihr Einfühlungsvermögen scheint ausgeprägt zu sein.

Carina, 00:32: Ja, ich bin eine geduldige.

D3nn1 Crane, 00:33: da brauche ich jetzt keine Angst zu haben, dass Sie gemeinsame Sache mit Felix machen und nachts Partys feiern?!

Carina, 00:33: Passe auf, dass er keine Dummheiten macht.

D3nn1 Crane, 00:34: okay, dann brauche ich wohl nicht mal extra unerwartet früher heim kommen, um ne Stichprobe zu machen…

Carina, 00:34: ich feier schon gern, aber nur, wenn es erlaubt ist und sowieso nicht auf der Arbeit.

D3nn1 Crane, 00:35: Brav! Was studieren Sie denn und was wollen Sie denn werden, wenn ich fragen darf?

Carina, 00:35: Jura

Carina, 00:35: das weiß ich leider noch nicht

D3nn1 Crane, 00:36: so jung steht ihnen eh die ganze Welt offen und Sie haben alle Möglichkeiten. Sorry für das viele Schreiben.

Carina, 00:36: stört mich nicht

D3nn1 Crane, 00:37: charmant, danke und freu mich schon. Mal sehen wie es laufen wird.

Carina, 00:38: Wird gut laufen.

D3nn1 Crane, 00:39: Ja kann jede Hilfe und Entlastung gebrauchen.

Carina, 00:40: Dafür bin ich da.

D3nn1 Crane, 00:42: schon so spät. Sorry! Gute Nacht.

Carina, 00:42: ok, gute nackt

Carina, 00:42: freut mich!

D3nn1 Crane, 00:43: Nacht? Nackt?! ;)

Carina, 00:43: sorry, hahaha

D3nn1 Crane, 00:44: doch kein problem unter uns Erwachsenen

D3nn1 Crane, 00:45: leider ist ihre Anzeige verschwunden?!

Carina, 00:45: ja, weil ich vielleicht fündig geworden bin.

D3nn1 Crane, 00:46: Ich auch!

Carina, 00:46: ja du! :) [Schon wird´s vertrauter.]

D3nn1 Crane, 00:47: sehr viel versprechend

Carina, 00:47: Jogginghose in Ordnung oder lieber Jeans?

D3nn1 Crane, 00:48: ???

Carina, 00:48: wenn ich auf deinen Sohn aufpassen muss

D3nn1 Crane, 00:49: Achso! Ja besser was legeres. Damit er nicht auf dumme Gedanken kommt. Obwohl er sich noch nicht für Mädchen interessiert.

Carina, 00:50: ok. Ich pass schon auf und ziehe mich

verschlossen an.

D3nn1 Crane, 00:51: ich mag ja lieber Kleider oder Röcke, solange es passt und

D3nn1 Crane, 00:55: sorry

Carina, 00:58: du bist der Chef [Grins, da stehst du wohl drauf.]

Carina, 00:58: und du sagst, was am besten passt.

D3nn1 Crane, 00:59: okay. Dann für mich das schönste outfit, was dir einfällt

Carina, 01:00: okay mach ich :)

D3nn1 Crane, 01:00 jetzt bin ich echt gespannt, wie du aussiehst?!

Carina, 01:02: wieso? :)

D3nn1 Crane, 01:03: wenn du kommst...

D3nn1 Crane, 01:03: kleidung macht viel aus

Carina, 01:05: Ja! :) ich liebe Kleidung.

D3nn1 Crane, 01:05: was trägst du jetzt?

Carina, 01:06: nur eine graue Jogginghose und ein Top

D3nn1 Crane, 01:06: ich sollte das nicht fragen

Carina, 01:07: ist doch nicht schlimm

D3nn1 Crane, 01:08: magst du shopping?

Carina, 01:10: ich liebe es

D3nn1 Crane, 01:10: perfekt

Carina, 01:10: meine Schränke sind prall gefüllt und auch

alles voller Schuhe

D3nn1 Crane, 01:11: wir könnten eine gute Zeit haben

Carina, 01:11: ja

D3nn1 Crane, 01:12: dann kommen wohl bald noch ein paar Kleider und schuhe dazu?

Carina, 01:13: ja klar

D3nn1 Crane, 01:13: als kleiner Bonus

Carina, 01:14: Wie ?

D3nn1 Crane, 01:14: Belohnung

Carina, 01:14: Oh, muss aber ehrlich nicht sein...

D3nn1 Crane, 01:15: nur wenn es dir recht ist

Carina, 01:15: ja

D3nn1 Crane, 01:16: sehr sehr gerne

D3nn1 Crane, 01:18: zeig mal was, nur wenn du magst, von deinem Style, dann weiß ich wohin die Reise geht. ;)

Carina, 01:18: was möchtest du den sehen?

D3nn1 Crane, 01:18: was mich so erwartet

D3nn1 Crane, 01:18: du bist die Chefin

Carina, 01:19: [Mein Premierenauftritt! Sende ihm ein Selfie im figurbetonten Alltagsoutfit]

D3nn1 Crane, 01:19: sehr hübsch, das ist mehr so casual?!

Carina, 01:20: ja

D3nn1 Crane, 01:21: hast du auch etwas mit mehr von dir?

Carina, 01:22: wie?

D3nn1 Crane, 01:22: naja

Carina, 01:23: ?

D3nn1 Crane, 01:25: was deinem Chef vielleicht noch ein kleines bisschen mehr gefallen könnte ?

D3nn1 Crane, 01:33: weniger Textilien

D3nn1 Crane, 01:44: sorry, bin grad etwas unruhig und zuviel Kaffee

D3nn1 Crane, 01:45: sorry

D3nn1 Crane, 01:51: bist du noch da?

D3nn1 Crane, 02:00: schade, gute Nacht!

D3nn1 Crane, 02:22: würde mich freuen, wenn du dich meldest!

D3nn1 Crane, 06:50: habe mich wieder etwas abgekühlt und warte auf dich

Carina, 09:11: guten Morgen

D3nn1 Crane, 09:17: hi, guten Morgen

Carina, 09:18: wie meinst du weniger Textilien?

D3nn1 Crane, 09:19: wolltest du mir noch mehr zeigen?

D3nn1 Crane, 09:20: hab hier gerade tierisch Druck, und Ablenkung ist immer gut

D3nn1 Crane, 09:24: ist aber egal, geht ja nicht um mich

Carina, 09:28: was meinst du mit mehr zeigen?

D3nn1 Crane, 09:29: sorry, das nahm alles einen merkwürdigen Verlauf. Angefangen mit dem "gute nackt". Meinte andere Style-Bilder

D3nn1 Crane, 09:30: dann war es so spät und ich als single, naja, da war es schwer einen kühlen Kopf zu bewahren in diesen Corona-Wahnsinns-Tagen

Carina, 09:30: Du suchst eine sexy Babysitterin?!

Carina, 09:31: darf ich wissen, wie du aussiehst?

D3nn1 Crane, 09:33: suchst sexy Chef?

Carina, 09:33: möchte gerne wissen, mit wem ich schreibe und ein Gesicht dazu

D3nn1 Crane, 09:36: bin hier mit Fotos eher diskret

Carina, 09:38: ok, du hast aber auch von mir was bekommen

D3nn1 Crane, 09:38: aber wenn du noch mehr geniale Einblicke geben magst: gerne… Vorfreude!

Carina, 09:38: siehst du bei euch

D3nn1 Crane, 09:38: Einblicke bei uns? Was hast du dann vor?

Carina, 09:39: na, du siehst, was ich dann anhab…

D3nn1 Crane, 09:39: 1 Foto von mir ist in meiner Position eher schwierig

Carina, 09:39: ja dann eben nicht

D3nn1 Crane, 09:40: Oh Mensch, jetzt hast du mich wieder etwas in Stimmung gebracht und dann eiskalt abserviert. Achterbahnfahrt.

Carina, 09:40: ok

D3nn1 Crane, 09:41: einfach noch ein kleines Modebild? ;)

Carina, 09:41: nein

D3nn1 Crane, 09:41: so Spielchen ohne Aussicht auf mehr, naja

Carina, 09:42: ich spiel doch nicht

D3nn1 Crane, 09:44: schon klar. Was ist an einem kleinen Teaser so schlimm?!

D3nn1 Crane, 09:44: das ist mir jetzt zu kompliziert

Carina, 09:44: wie meinst?

Carina, 09:48: ?

D3nn1 Crane, 10:00: hätte echt groß werden können

Carina, 10:01: was genau?

D3nn1 Crane, 10:03: was wäre, wenn ich heute "nackt" Gefallen gefunden hätte, an einer sexy Betreuerin und das für uns beide heftig vorteilhaft geworden wäre auf verschiedenen Ebenen?

Carina, 10:03: z.B.?

D3nn1 Crane, 10:04: Shoppen... Lifestyle... Fun... Du und ich, wir sind auf der guten Seite

D3nn1 Crane, 10:06: ?

Carina, 10:07: ok

D3nn1 Crane, 10:07: also dabei? Und Lust auf mehr?

Carina, 10:07: was springt für mich dabei raus?

D3nn1 Crane, 10:07: sag einfach, was du willst

Carina, 10:08: bin da offen. Sag du

D3nn1 Crane, 10:08: weiß nicht, was du magst, und was du bereit bist

D3nn1 Crane, 10:08: würde nur sehr ungern warten bis zum Treffen mit mehr Einblicken

Carina, 10:09: vielleicht Kleidung

D3nn1 Crane, 10:11: dann zeig mal was sexy! Eines ist ja klar. Ein normaler Job wird das jetzt nicht mehr. Da nehme ich lieber eine andere, unattraktive Betreuerin für meinen Sohn und genieße die Zeit mit dir als meine Assistentin und rechte Hand, wann immer du Lust hast!

Carina, 10:12: aber ich soll doch schon auf deinen Sohn aufpassen?!

D3nn1 Crane, 10:12: nein. Das nicht mehr. Nur noch lässige Freizeit

Carina, 10:12: wie?

D3nn1 Crane, 10:13: als ob Babysitten wirklich mehr Spaß als Shoppen machen würde

D3nn1 Crane, 10:13: nur noch Vergnügen. Nur wir beide. Privat.

D3nn1 Crane, 10:14: zeig mal mehr. Bitte!

Carina, 10:16: [Schicke ihm ein frontales Selfie vorm

Spiegel in Spitzen-BH und String-Tanga.]

D3nn1 Crane, 10:16: jetzt wird´s spannend

Carina, 10:18: ?

D3nn1 Crane, 10:18: noch von seitlich hinten!?

Carina, 10:19: [Schicke ihm auch das]

D3nn1 Crane, 10:19: hast du noch mehr in anderen Dessous?

Carina, 10:19: nein, es nicht nötig, dass du schon zu scharf wirst, du dürftest gespannt sein [was mache ich bloß hier?!]

D3nn1 Crane, 10:20: Oh ja! An dem Punkt hätten wir auch heute Nacht schon sein können ;)

Carina, 10:20: haha, ein Teil von dir möchte sicher unbedingt herausfinden, was als nächstes passiert...

D3nn1 Crane, 10:21: Genau!! gib es zu, du hast es darauf ankommen lassen

Carina, 10:22: nee

D3nn1 Crane, 10:22: stimmt, es ist einfach passiert...

[Himmlische Fügung oder Wink des Schicksals?
Um 10:23 Uhr wurde ich zwangsausgeloggt und plötzlich stillgelegt. Alle Versuche, mich wieder in meinen Account einzuwählen: gescheitert.
Entweder wurde ich vom System wegen zu freizügiger

Fotos automatisch herausgefiltert und gesperrt.

Reichen dafür wirklich meine beiden von vorhin, oder ist es leicht verspätet wegen der erhaltenen Dickpics von *Omar, Jakob, Petr* und natürlich dem unvergesslichen *Giantcock*? Vielleicht war es aber auch die angedrohte Beschwerde der dreisten, unverschämt-querulatorischen *Vanessa* oder die eines anderen unzufriedenen Nutzers wie z.B. die des unflätigen Tourette-*Ali*, die für meine Beurlaubung gesorgt hat? Jedenfalls habe ich den User mit dem Nick *D3nn1 Crane* nie wieder online gefunden. Pech?

Oder Glück im Unglück und damit die Bewahrung vor den weiteren trüben Untiefen des schmierigen Sumpfs der nervigen Nebenjobsuche in Corona-Zeiten?

Zum Abschluss, hier kommt die gute Nachricht:]

DIE OFFENBARUNG DER QUINTESSENZ

Barkeeper, 10:16: Hey! Ich bin in der Gastronomie. Hast du Lust was trinken und danach mehr?!

Carina, 10:16: Sicher!

Carina, 10:16: 1 Corona, please!

DAS LETZTE WORT

This is it! Der Beweis ist offenbar erbracht. Der Sextrieb ist die absolut größte Power im Universum. Den daraus anscheinend zwangsläufig resultierenden Sexismus habe ich während der Corona-Hochphase nur mit Bangen geradeso geistig und seelisch halbwegs unbeschadet überlebt. Mit mehr als knappen finanziellen Mitteln.

Das Zeile-für-Zeile-Aneinanderreihen sinnfreier Dialoge hat mich von meiner Misere abgelenkt. Besser als anonymes Aneinanderreiben schwitziger Körpermitten von strangen Leuten aus den Kleinanzeigen.

Bislang keinen Killervirus eingefangen. Auch keine Geschlechtskrankheiten. Denn natürlich habe ich keinen der Online-Schreiberlinge getroffen und kein gebotenes Geld für Obszönes angenommen. Sämtliche Kontaktbeschränkungen korrekt und brav zum Schutz der Gesundheit eingehalten. Kein *fvck männliche bitches – get the fvcking mon€y.* Noch nicht einmal Telefonate geführt. Stillstand. Mitten im Corona-Chaos.

Leider habe ich in dem gesamten Zeitraum keine Einnahmen aus einem seriösen oder unseriösen Nebenjob generieren können. Also lieber books statt body verkaufen. Zum Ausgleich für den erlittenen Belästigungsärger und die damit verbundenen tiefen teuflischen Qualen, hoffe ich auf ein angemessenes Schmerzensgeld in Form meines Autorenhonorars aus möglichst vielen Buchverkäufen.

Doch ehe dir dein Herz zerbricht, bestellst du bitte, liebe/r Leser/in, unbedingt ganz fix viele weitere Exemplare von *CORONA SEXISMUS* zum viralen Weiterverbreiten und Verschenken ;)

Tausend Dank! Deine Carina

ANHANG

DIE GEGENPROBE

Trifft es Männer genauso schlimm? Während Corona? Als Sexismus-Opfer? Im Internet? Haben sie es leichter? Besser? Was wäre wenn? Das wollte ich dann unbedingt noch recherchieren.

Meine unrepräsentative Gegenstichprobe: unter ansonsten identischen Bedingungen habe ich meine Originalanzeige testweise mehrfach erneut inseriert. Mit einer klitzekleinen Änderung: Aus *Carina* wurde *Carl*.

Carls Stellengesuch spielte keine einzige seriöse Antwort ein! Abgesehen von dem obligatorischen, jeweils innerhalb der ersten ein, zwei Minuten erhaltenen Multi-Level-Marketing-Mist-Angebot für überteuerte Beautyprodukte und Nahrungsergänzungsmittelgedöns.

Während *Carina* also regelmäßig innerhalb von 30 Minuten zwanzig bis dreißig offen obszön-sexistische oder im Mailverlauf in die unmoralische Richtung steuernde Offerten erhielt, blieb *Carl* selbst über die Dauer von drei Tagen Anzeigenlaufzeit jede (!) nur ansatzweise frivol motivierte Zuschrift liebestoller Frauen erspart. Homosexuelle hatten auch keine Lust auf meinen Carl.

Arme Männerwelt. Im doppelten Sinn.

ERSTE SAHNE EXTRA-MATERIAL:

AUSLESE DEFTIGER UMSCHREIBUNGEN
a) FÜR GESCHLECHTSORGANE

1) WEIBLICHE

Acker, Aquarium, Bimsladen, Bohrloch, Bremsrutsche, Brunstbutte, Bumsetui, Büro, Feuerofen, Freudental, Goldmine, Kapelle, Klitsche, Melkmaschine, Moospolster, Nudelsieb, Pritsche, Rangierbahnhof, Rührkübel, Schwanzklemme, Spritzbüchse, Unterdruckkammer, Ziehharmonika

2) MÄNNLICHE

der Alte, Bimbam, Blitzableiter, Bohrturm, Brunzrüssel, Dremel, Düsenputzer, Eichelmast, Eierschläger, Feuerlöscher, Flaschenöffner, Fotzenhobel, Handfeuerwaffe, Lackierer, Liebesradar, Mundstück, Nothelfer, Plätteisen, Pongo, Präsident, Rachenkotzer, Ritzenhobler, Schmiedehammer, Stehwurzel, Tauchsieder, Wumpf

b) FÜR GESCHLECHTSVERKEHR

anbemsen, aufspießen, auswetzen, bujen,

dengeln, durchmörsern, jockeln, pellen,

rabatzen, rohrpflegen, rüppeln, schnäuzeln,

stangeln, überbraten, umhacken,

die Pauke anstreichen, die Uhr aufziehen, den

Stemmel ausschleimen, das Sachgebiet

bearbeiten, den Rührer eindrehen, Saft

einkochen, den Kaspar einwickeln, das Tier

füttern, den Specht hacken lassen, einen

hineinhängen, die Rammelkeule schwingen, den

Hahn krähen lassen, unters Kinn niesen, am

Pfropfen riechen, ein Würstel riemeln, den

Brunstbusch roden, in die Muschel rotzen, den

Bruder taufen, den Vogel zwitschern lassen,

hundert rauskitzeln

ÜBER DIE AUTORIN

Carina Steigleiter: unglaublich ungeschliffene Berliner *Schriftstellerin*. Dafür unglaublich weiblich, ledig, jung. Und unglaublich gut aussehend.

Kontakt: buchprofy@protonmail.com